『思考法』の必読書50冊、

1冊で 図解 してみた

鈴木博毅
著

たきれい
イラスト

Illustrated 50 thinking
methods books in one book

東洋経済新報社

「新しい思考法が人生を変える!」

　私たちは、 自分の思考法に人生を支配されている、 と言えば大げさでしょうか。 でも、 私たちの考え方のパターンを思考法だとすれば、 人生で起こるあらゆる出来事の対応は、 まさに思考法で決まります。 分かれた道に出会うと、 いつも右に曲がる人と、 いつも左に曲がる人では、 最初のスタート地点は同じでも、 時間とともにまったく違う場所に辿り着いてしまう。 一人が幸せな大富豪になり、 もう一人は貧困の中で涙を流す毎日を送るような、 劇的な差も簡単に生まれます。 実際、 歴史に名を残した大富豪の何人かは、 貧困家庭に生まれながらも、 人生の途上でずば抜けた豊かさを手に入れました。 その人の思考法は、 日々の決断の積み重ねであり、 結果の差は膨大なものになります。 はっきり言えば、 思考法がずばり私たちの人生を創るのです。

いろいろな思考法を知ると、自分をより理解できる

　さまざまな思考法を理解することは、自分の思考法を知ることにもなります。人間は、比較することで初めて自分自身を客観的に理解できるからです。背が高いのか、足が速いのかは、たった一人では確認できないのと同じこと。誰かの身長と比較するように、いろいろな思考法と自分の思考法を比較することは、自分のこれまで慣れ親しんだ（自分の）思考法を客観的に知ることになります。これまで知らなかった思考法は、私たちの新しい可能性の扉を開けてくれます。新しい思考法を学ぶことで、人生に起きる出来事に、違う方法で反応し始めると、これまでとは違う可能性に出会い、新たな高みを目指すこともできる。挑戦には失敗もあるかもしれません。しかしこれまで想像もできなかった素敵な可能性にも出会う。私たちは、思考しながら行動し、行動しながら思考して1日をすごします。新しい思考法を知ること、多くの優れた思考法を学ぶことは、人生を日々さらに良いものに変える力を与えてくれるのです。

理想とするゴールがあり、そこに至る考え方がある

　本書では、帰納法や演繹法、ロジカルシンキングやラテラルシンキングなどの、有名な思考法も紹介していますが、一見して「これが思考法?」と思われる書籍も思考法として解説、紹介しています。理想とする状態が提示され、そこに至るために、どんな考え方をするべきか、どんな着眼点を持てば良いかが示されていれば、1つの思考法として立派に機能するからです。古今東西の思考法を紹介していますが、いずれも私たちの人生を豊かにしてくれるヒントに満ち溢れています。この本では、幅広く思考法を捉えて、わかりやすく紹介することに注力しました。堅苦しくなく、気軽に目を通して頂くだけで、毎回きっと新鮮な驚きと発見があるでしょう。時間をおいて、読み返すことも効果的です。

人間関係に効く、妙薬としての思考法

　新しい思考法を知り、自分を理解するその結果として、「他者をよりうまく理解する」こともできるようになります。思考法への幅広い理解は、相手の視点を受け止めたり、許容する能力につながるからです。「そうか、あの思考法に似た考え方をしている

人なんだ」とわかるようになると、相手への対応にも余裕が生まれますし、他人との距離感もつかみやすくなります。思考法は、その対象が人間関係や人間心理に関連したものも多く、知れば知るほど、他者をより良く理解するヒントを私たちに与えてくれるのです。

困難な時代に、人生の道しるべを手に入れる

　新しい思考法を知るメリットは、これまでと違うアプローチに気づき、新しい成功や幸せ、愛情を手に入れることです。私たちは誰もが、日々の思考と行動の結果を受け取っています。しかし、それらは必ずしも満足いくものとは限りませんし、時代の変化で以前より小さな成功しか得ていないと感じることもあるはず。大切な幸せや愛情を維持するために、新しい思考法が役に立つときがあるのです。新しい思考法を知ることは、成功の幅を広げ、幸せや愛情をより豊かで実りあるものにしてくれます。困難な時期を迎えていると言われる現代で、優れた思考法を知ることは、新たな人生の道しるべを得ることでもあるのです。

PART **1** 考える基本が身につく
思考法

PART **2** 物事の本質がわかる
歴史的思考法

PART 3 視野が大きく広がる思考法

PART 4 地アタマが強くなる思考法

PART 5 仕事の成果が高まる思考法

PART 6 強い組織を実現できる思考法

この本の使い方

説得力を高めるために不可欠な、論理的思考が身につく

BOOK 4 『ロジカル・シンキング』

- 照屋華子、岡田恵子著
- 2001年 東洋経済新報社

著者二人は、雑誌・書籍の企画編集、社内広報の企画運営に携わったあと、世界的なコンサルティング会社「マッキンゼー・アンド・カンパニー」でエディティング（論理・表現の改善）の専門家として活躍。

悩み 1
仕事で基本となる「人とのコミュニケーション」。ロジカル・シンキングに照らすと、どう考えるべきなの？

悩み 2
論理的に明快な説明、説得力のあるプレゼンテーションのために、どんな基本的なポイントがあるの？

悩み 3
論理的に考えて結論を出す場合、その結論の出し方にコツはあるの？

PART1 考える基本が身につく思考法　31

① 書籍の基礎情報

解説する思考法が掲載してある書籍の出版社や著者情報がわかります。巻末のリストとあわせて深掘りしたい書籍を探すのに役立ててください。

② あるあるの悩み

仕事や人生におけるあるあるな悩みです。自分が今抱えている悩みと共通するものがないか探してみるのもいいかもしれません。

3 その悩みに有効な理由 ②で紹介した悩みに対して紹介した書籍の
思考法がなぜ有効なのかがわかります。

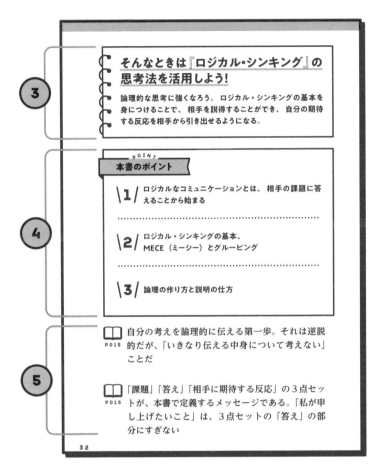

3 そんなときは『ロジカル・シンキング』の
思考法を活用しよう!

論理的な思考に強くなろう。ロジカル・シンキングの基本を
身につけることで、相手を説得することができ、自分の期待
する反応を相手から引き出せるようになる。

4
POINT
本書のポイント

\1/ ロジカルなコミュニケーションとは、相手の課題に答
えることから始まる
....

\2/ ロジカル・シンキングの基本、
MECE（ミーシー）とグルーピング
....

\3/ 論理の作り方と説明の仕方

5
📖 自分の考えを論理的に伝える第一歩。それは逆説
P015 的だが、「いきなり伝える中身について考えない」
ことだ

📖 「課題」「答え」「相手に期待する反応」の3点セッ
P015 トが、本書で定義するメッセージである。「私が申
し上げたいこと」は、3点セットの「答え」の部
分にすぎない

32

4 本書のポイント

筆者が考える書籍のポイントを3つ抽出
しています。書籍の骨子、実践のコツ、
実践における障害を乗り越える方法をま
とめています。

5 重要箇所の引用

紹介した書籍を深掘りしたいときに役立
ててください。

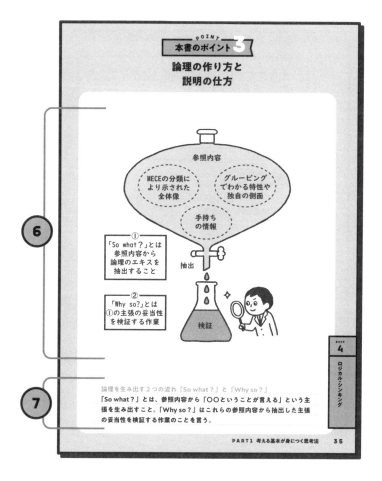

POINT 3
本書のポイント

論理の作り方と
説明の仕方

参照内容

MECEの分類に
より示された
全体像

グルーピング
でわかる特性や
独自の側面

手持ち
の情報

①
「So what?」とは
参照内容から
論理のエキスを
抽出すること

抽出

②
「Why so?」とは
①の主張の妥当性
を検証する作業

検証

BOOK 4
ロジカル・シンキング

論理を生み出す2つの流れ「So what?」と「Why so?」
「So what?」とは、参照内容から「○○ということが言える」という主張を生み出すこと。「Why so?」はこれらの参照内容から抽出した主張の妥当性を検証する作業のことを言う。

PART1 考える基本が身につく思考法　35

6 イラストで解説

書籍のポイントについて、イラストでよりわかりやすく解説しています。

7 文章で解説

文章でさらにくわしい解説や、プラスアルファの情報などを紹介しています。

1

考える基本が
身につく思考法

考えることで動き出す私たちの世界。
思考するとはどんなことなのでしょう。
私たちの人生の可能性を広げてくれる
基本の思考法を見ていきましょう。

BOOK 1 『類似と思考―改訂版』

- 鈴木宏昭著
- 2020年　筑摩書房

認知科学者。青山学院大学教授。日本認知科学会フェロー。思考、学習における創発過程の研究を行う。『教養としての認知科学』『認知バイアス　心に潜むふしぎな働き』など、認知科学の著作を持つ。

鈴木宏昭　類似と思考　改訂版　ちくま学芸文庫

悩み
1

人はどうやって思考しているの？「類似」＝似ている、はどう活用できることなの？

悩み
2

思考を効果的に始めるため、どんな要素が必要なの？　効果的な思考は、どうすれば加速できるの？

悩み
3

思考の幅を生み出したり、想像力を逞しくしたりするために。類推をどんな風に使用すればいいの？

そんなときは『類似と思考—改訂版』の思考法を活用しよう!

「類似」＝似ていることは、人の思考を刺激する。思考を起動するとき、人が頭の中で「類似」＝似ている、を利用しているなら、その動きを応用することで思考を洗練できる。

POINT 本書のポイント

\1/ 人は論理的なルールよりも、類似を見つけて思考・判断・学習していく

\2/ ゴール（目標）をよく認識し、達成のための知識を集めていくこと

\3/ 〇〇に似ている、〇〇に利用できると仮定して、類推の力を引き出す

📖 裏表紙
われわれの認知活動を支えるのは、規則やルールではなく、類似を用いた思考＝類推である

📖 P110
まずゴールを認識するか否かにより、類似度判断が大きく変わってくる。またゴールを達成するための知識が獲得されているか否かによっても、類似度判断が変化する

BOOK 1

類似と思考—改訂版

PART1 考える基本が身につく思考法　　17

人は論理的なルールよりも、類似を見つけて
思考・判断・学習していく

人の思考は文脈に依存する。似た状況ほど得意。

人の思考は異なる文脈が苦手。違う状況は苦手。

人は類似を見つけることで学習を加速させている

人の思考は論理的なルールではなく、もっと柔軟に「似ている」ことの発見から行われている。だから、人は似ている状況ほど早く正しい判断ができる。

ゴール（目標）をよく認識し、達成のための知識を集めていくこと

① ゴール（目標）の認識

これを達成すればいいんだな！

② 達成に向けた知識の有無

過去に解いた問題に似ている

ならば同じ考え方で解決できる

③ 応用範囲の広い知識か否か

知識の利用しやすさは類似性の発見しやすさに繋がる

いろんな問題に使える知識

非常に狭い問題のみに使える知識

問題解決と類似を繋ぐ3つの要素

① 目標が明確なほど、いろいろな知識から「類似」を探せる

② 多くの問題を解決した過去の知識が活用できる

③ 応用範囲の広い知識ほど、新たな問題への対応力になる

BOOK
1
類似と思考──改訂版

○○に似ている、○○に利用できると仮定して、類推の力を引き出す

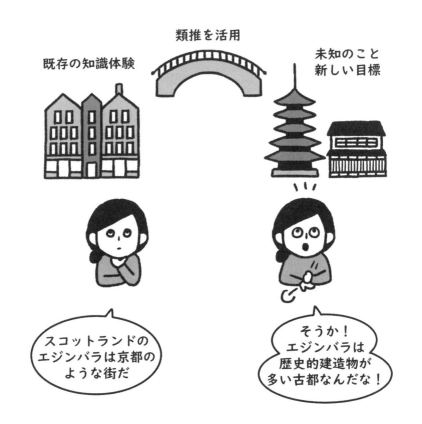

既存の知識体験

類推を活用

未知のこと
新しい目標

> スコットランドの
> エジンバラは京都の
> ような街だ

> そうか！
> エジンバラは
> 歴史的建造物が
> 多い古都なんだな！

似ている点から思考が始まる原理を活用する

類推とは、知りたいことをよく似た既知のことに例えて考えること。未知の状況や目標を何かに効果的に例えると、思考を効果的にスタートさせることができる。類推を活用すると、未知から既知への橋渡しができる。

BOOK 2

『問題解決力を高める 「推論」の技術』

- 羽田康祐著
- 2020年　目 フォレスト出版

株式会社朝日広告社ストラテジックプランニング部プランニングディレクター。 マーケティングやブランディング、 ビジネス思考をテーマにしたブログで広く情報を発信している。

悩み
1

推論の基本「帰納法」とはどんなもの？

推論の２つ目の基本「演繹法」とはどんなもの？

悩み
2

悩み
3

3つ目の推論法「アブダクション」とはどんなもの？

そんなときは『問題解決力を高める「推論」の技術』の思考法を活用しよう！

事実や出来事の関連性を知ることで、その原因を明確にできたり、未来を推測できたりする。それぞれの推論の方法と、気を付けるべき落とし穴も理解でき、推論力が高まる。

POINT
本書のポイント

\1/ 帰納法は複数の事実から共通項を発見しようとする

....

\2/ 演繹法は、有効なルールに当てはまるか否かで推論を行う

....

\3/ アブダクションは、自ら仮説を作ることから始まる

📖 P021 問題の原因を見抜いたり、仮説を考えたりする際に必須となるのが「推論力」だ

📖 P290 あなたが推論力を身につけることができれば、あなたが見えている範囲は格段に広がる。常識を疑い、新たな法則を手に入れ、いくつもの新しい仮説を立てられるようになる

帰納法は複数の事実から共通項を
発見しようとする

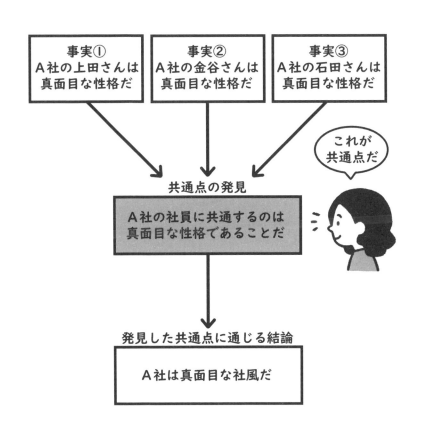

事実①
A社の上田さんは
真面目な性格だ

事実②
A社の金谷さんは
真面目な性格だ

事実③
A社の石田さんは
真面目な性格だ

これが
共通点だ

共通点の発見

A社の社員に共通するのは
真面目な性格であることだ

発見した共通点に通じる結論

A社は真面目な社風だ

帰納法は複数の事実から共通点を発見することが起点

帰納法は複数の事実から、共通点を発見し、発見した共通点に通ずる結論
を出す推論法。ただ、限られた事実を全体に当てはめるため、選んだ事実
に偏りがないか注意が必要。経験論的な推論法である点も注意点の一つ。

BOOK
2

問題解決力を高める
「推論」の技術

演繹法は、有効なルールに
当てはまるか否かで推論を行う

（前提としてのルール）
高学歴の人は
高収入である

（推論）
ならば、高収入の
人を探すには、
高学歴の人を
探せばよい！

あなたは
高収入ですね！

演繹法は「正しいルール」を発見することが起点となる

**演繹法はまず「前提となるルール・法則」があり、そのルールに当てはま
るかどうかで結論に導く推論方法。「前提となるルール・法則」が起点の
ため、そのルールの正しさの度合いに注意すること。**

アブダクションは、
自ら仮説を作ることから始まる

（例）
（起こった現象）
売上が落ちた

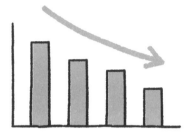

↓

（あなたが作った仮説）
買う人が減れば
売上は落ちる

↓

（結論）
よって売上が落ちたのは
買う人が減ったからである

アブダクションは現象に対して「仮説を作る」ことで結論に導く方法

アブダクションは起こった現象に対して「法則」つまり仮説を自分で作り、その仮説から結論を導く推論法。注意点はあなたが作った仮説が、思い込みや決めつけになっていないかという点。

BOOK 3 『思考の整理学』

- 外山滋比古著
- 1983年　筑摩書房

東京教育大学助教授、お茶の水女子大学名誉教授。英文学、言語学など多数の専門分野を持ち、日本語論や教育論でも足跡を残す。『思考の整理学』は、270万部を超える大ベストセラーとなる。

悩み 1

思考の「グライダー人間」と「飛行機人間」とはどんな意味。どちらになるべきなの？

悩み 2

思考を整理するには、結局どんなことをすればいいの？　どんなステップが、思考の整理に効果があるの？

悩み 3

思考の整理学はなぜ必要なの？　それが簡単でない理由は、どんなこと？

そんなときは『思考の整理学』の思考法を活用しよう!

これまで意識しなかった思考のやり方、私たちの頭がどのように思考を整理しているか、教えてくれる。効果的なインプット法とアウトプット法がわかると、知的生産性も高まる。

本書のポイント POINT

\1/ グライダー人間は受動的に知識を得る。飛行機人間は自分で発明、発見できる

\2/ 時間を置いて発酵させる、インプット情報を整理しておく、他者を交えて議論する

\3/ 考えているつもりで、きちんと考えていないことが多く、共通の落とし穴もある

📖 P012 いまの学校教育では、グライダー能力はつけられても、飛行機能力をつけにくい

📖 P189 そういう学生が社会へ出て、本から離れると、そのとたんに、知的でなくなり俗物と化す。知的活動の根を第二次的現実、本の中にしかおろしていないからである

BOOK 3 思考の整理学

グライダー人間は受動的に知識を得る。
飛行機人間は自分で発明、発見できる

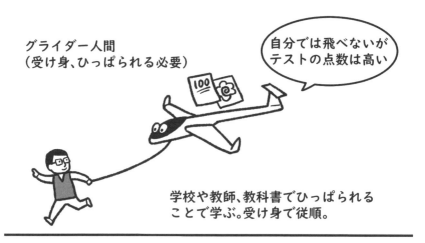

グライダー人間
（受け身、ひっぱられる必要）

自分では飛べないが
テストの点数は高い

学校や教師、教科書でひっぱられる
ことで学ぶ。受け身で従順。

飛行機人間
（自ら飛べる、自分で考えて学ぶ）

問題を自分で設定、
発見して解く

自分の頭で考える
ことができる

自分で飛ぶ
意欲がある

自分で発明・発見ができる飛行機能力を伸ばそう

グライダー人間は学校の優等生でも、社会に出ると活躍できないことが多い。解くべき問題を与えられないと動けず、リーダーシップも発揮できない。一方で、飛行機人間は自分で決定して、自分で学び、解決する。学校型の優等生ではないが、社会人の世界では必要な能力である。

時間を置いて発酵させる、インプット情報を整理しておく、他者を交えて議論する

時間を置いて思考や
アイディアを発酵させる

思考

インプットする情報
そのものを効果的に
整理しておく

異分野の専門家に
話すことで
洗練させる

ふむふむ
おもしろい

ここはどう
なっているの？

こんな新しい
アイディア・考え
はどうだろう？

思考を整理するには効果的なステップを活用する

自分の頭だけで「うんうん」唸っていても思考は整理できない。一時的に寝かせたり、インプットを効果的に行ったりするなど、仕組みを使って思考の整理を加速させていくべき。

考えているつもりで、きちんと考えて いないことが多く、共通の落とし穴もある

思考を行うための
「作法」を知る
事が大切！！

問題	問題	問題	問題
解くべき問題を常に与えられてばかり	頭は良いアイデアも平凡なアイディアも思いつく	人間の脳は無秩序なインプットが苦手	ただの自己満狭い視野に陥ってしまう

対策	対策	対策	対策
自分で問題を発見、設定することを訓練する	時間を置いて改めてアイデアを再確認してみる	インプットの前に情報そのものを効果的に整理しておく	他の主張を集めたり、他者に説明をしてみて客観性を補う

「思考する」ことへの理解をより深くしておく

一生懸命考えているようで、実は考えられていないことも多い。例えば、数学は思考力を使うと言うが、問題は常に与えられている。作って解くという体験はゼロ。本当の思考力を身につけることが大切。

説得力を高めるために不可欠な、論理的思考が身につく

BOOK
4

『ロジカル・シンキング』

🚶 照屋華子、岡田恵子著
✏ 2001年　目 東洋経済新報社

著者二人は、雑誌・書籍の企画編集、社内広報の企画運営に携わったあと、世界的なコンサルティング会社「マッキンゼー・アンド・カンパニー」でエディティング（論理・表現の改善）の専門家として活躍。

\悩み/
1

仕事で基本となる「人とのコミュニケーション」。ロジカル・シンキングに照らすと、どう考えるべきなの？

論理的に明快な説明、説得力のあるプレゼンテーションのために、どんな基本的なポイントがあるの？

\悩み/
2

\悩み/
3

論理的に考えて結論を出す場合、その結論の出し方にコツはあるの？

そんなときは『ロジカル・シンキング』の思考法を活用しよう!

論理的な思考に強くなろう。ロジカル・シンキングの基本を身につけることで、相手を説得することができ、自分の期待する反応を相手から引き出せるようになる。

POINT 本書のポイント

\1/ ロジカルなコミュニケーションとは、相手の課題に答えることから始まる

....

\2/ ロジカル・シンキングの基本、MECE（ミーシー）とグルーピング

....

\3/ 論理の作り方と説明の仕方

📖 P015　自分の考えを論理的に伝える第一歩。それは逆説的だが、「いきなり伝える中身について考えない」ことだ

📖 P015　「課題」「答え」「相手に期待する反応」の3点セットが、本書で定義するメッセージである。「私が申し上げたいこと」は、3点セットの「答え」の部分にすぎない

ロジカルなコミュニケーションとは、相手の課題に答えることから始まる

ロジカルなコミュニケーションは相手の課題に答えることから始まる

本来コミュニケーションとは、相手から何かしらの反応を引き出すことが目標。相手が重要だと考えている課題を捉えているか？　どんな反応を欲しいのか？　相手に伝えるべきなのは、①答えるべき課題の明示／②課題に対しての答え／③相手に期待する反応・行動の3つの要素。

ロジカル・シンキングの基本、
MECE とグルーピング

MECE
重なりや漏れがなく
全体を部分集合に
区分けすること

↓

区分する内容は
提案の方向に
一致するように

全体像

部分集合
A

部分集合
B

部分集合
C

現在の問題は
A、B、Cのグループの
3つの種類に分ける
ことができます。

そうか！この区分
で理解すれば、
整理がずっと簡単に
なるのか！

提案者

聞き手
クライアント

効果的なMECE
伝え手である提案者の区分が効果的であると、
提案内容に沿った理解を聞き手の中に生み出せる

検討すべき要素が漏れなく述べられているか？

MECE とは、Mutually Exclusive, Collectively Exhaustive の略語。事実や概念を重なりなく、全体として漏れなく捉えること。

MECE 的な説明では、あるべき全体が重複なく、きちんと理解されているので、伝わりやすいし、明確な理解が得られる。

論理の作り方と説明の仕方

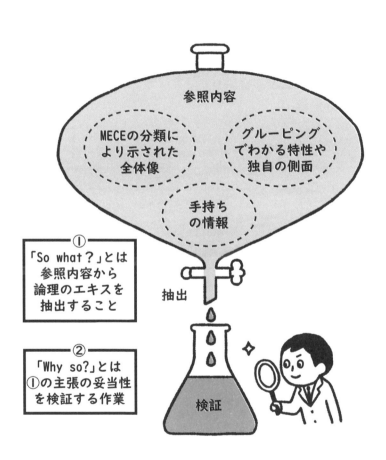

参照内容

MECEの分類により示された全体像

グルーピングでわかる特性や独自の側面

手持ちの情報

① 「So what？」とは参照内容から論理のエキスを抽出すること

抽出

② 「Why so?」とは①の主張の妥当性を検証する作業

検証

論理を生み出す２つの流れ「So what？」と「Why so?」

「So what？」とは、参照内容から「〇〇ということが言える」という主張を生み出すこと。「Why so?」はこれらの参照内容から抽出した主張の妥当性を検証する作業のことを言う。

BOOK 4 ロジカル・シンキング

BOOK 5 『天才たちの思考法』

👤 木村尚義著
✏ 2019年　🏛 総合法令出版

株式会社創客営業研究所代表。 既成概念にとらわれずにアイデアを発想する思考法を企業に提供している。 ラテラルシンキングに関する著作多数。

悩み **1**

与えられた前提や定義にしばられると、思考や発想が行き詰ってしまう。

目の前にあるものだけを見ていると、思考の幅を広げられない。

悩み **2**

悩み **3**

今までの取り組み方に縛られてしまう。その結果、新しい解決策を発見できない。

そんなときは『天才たちの思考法』の思考法を活用しよう!

解説される「ラテラルシンキング」を活用すれば、与えられた枠組みや前提にしばられず、乗り越えて問題を解決できるようになる。

POINT
本書のポイント

\1/ ラテラルシンキングに必要な3つの力「前提を疑う」「抽象化」「セレンディピティ」

....

\2/ 与えられた分類や前提を疑う

....

\3/ ロジカルとラテラルを効果的に織り交ぜる

📖 **P019** 一度「Aは○○である」と分類してしまうと、改めて違うカテゴリーに分類しにくくなってしまいます

📖 **P032** アイデアはロジカルとラテラルの繰り返しで生まれる

ラテラルシンキングに必要な3つの力
「前提を疑う」「抽象化」「セレンディピティ」

①前提を疑う　今までの定義はこれからも通用するか？

②抽象化する　何の役に立つか？本質を考える

本当はどうなの？

二つのものの共通点を考えてみる

他の使い道を考えてみる

③セレンディピティ　偶然の出来事を別のことに利用する
何でも好奇心を持って見る

あの問題に使えるのでは？

ラテラルシンキングに必要な3つの力

ラテラルシンキングは固定された分類や定義の壁を越える発想が大切。恥ずかしがらずに、これまでと違う発想をしてみる。

与えられた分類や
前提を疑う

ロジカルシンキング

分類	一般的な評価軸

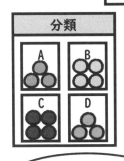

◎ ○○ほど良い

✕ ○○ほど悪い

> ロジカルに考えることは
> 効率的な分類をすること

> しかし与えられた枠組みの
> 中で思考してしまう罠がある

ラテラルシンキング

?

正解 ◀▶ 間違い

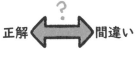

機能や特徴

> 本当は逆
> なのでは？

> 使い方を変えると
> 評価が変わるのでは？

与えられた分類や前提を疑うことからスタートする

与えられた分類や前提を疑ってみる

ロジカルに考えることは効率的な分類をすること。しかし、与えられた枠組みの中で思考してしまう罠がある。与えられた分類や前提を疑うことからラテラルシンキングはスタートする。

ロジカルとラテラルを
効果的に織り交ぜる

ラテラルシンキング
視野を広げて
可能性を探る

ラテラルな発想

一度頭をフラット
にしてあらゆる
可能性を検討
してみる

視野

広げた視野の結果

ロジカルな発想

ラテラルで発見した
新しい可能性を
効果的に絞り込む

効果的に
絞り込む

分類や枠組み
による選別

実現できる
ベストの解決策

ロジカルとラテラルを効果的に織り交ぜる

頭をフラットにしてあらゆる可能性を検討してみる。広げた視野で発見した新しい可能性をロジカルな発想で、効果的に絞り込む。ロジカルとラテラルを効果的に織り交ぜるとより優れた思考ができる。

BOOK 6 『クリティカルシンキング（入門篇）』

👤 E.B.ゼックミスタ、J.E.ジョンソン著
📖 1996年　🏛 北大路書房

ゼックミスタは、 シカゴ・ロヨラ大学心理学科教授。 専門は人間の認知、 記憶の分野。 ジョンソンも同大学心理学科教授。 臨床心理学を専門とする。 両名とも、 優れた講師として高い名声を博している。

悩み **1**

偏見や先入観が、 人生の幸せを邪魔するのはどんなとき？

悩み **2**

誰もがやってしまう「自己欺瞞」。 自分を欺くことには、 どんな意味があるの？

悩み **3**

私たちの人生をプラスに変えるために、 どんな原因帰属を心がければいいの？

そんなときは『クリティカルシンキング（入門篇）』の思考法を活用しよう！

情報過多の現代で、情報の洪水に飲み込まれるのではなく、優れた良い思考を発揮するために、どのような態度で「考えるべきか」を知ると、より良い人生を歩むことができる。

本書のポイント
POINT

\1/ 起こった出来事の原因を探るとき、「状況」よりも「その人」の責任にしがち

\2/ 自己欺瞞は人の自尊心を守ろうとする行動だが、過剰になると失敗を誘発する

\3/ 出来事の原因を正確に推測できるほど、人生をより改善していける

📖 人間が陥りやすい思考の落とし穴や先入観による影響などを十分に自覚した上で、そこから脱却し、ものごとを冷静に、客観的に、論理的に考え、判断してゆく

POII

📖 クリティカルシンキングとは「批判的な思考」ではなく、「良質な思考」のことである

P004

起こった出来事の原因を探るとき、「状況」よりも「その人」の責任にしがち

①状況より個人のせいにしがち

この人はなんてドジなんだ！

床が濡れていて
滑りやすかったとは考えない

②ステレオタイプで人を勝手に判断する

あの人の性格は
気難しそうだ

ほとんど知らない人でも外見など
でステレオタイプな判断をしがち

起こった出来事の原因を正しく推測する

Aの原因はBにあるというような推測を「原因帰属」と言う。正しい原因帰属は、実は意外に難しい。物事の原因を正しく推測できるほど改善の可能性が高まり、逆に間違った原因を結び付けるほど、失敗を繰り返し問題は拡大を続ける。

BOOK **6**

クリティカルシンキング（入門篇）

自己欺瞞は人の自尊心を守ろうとする行動だが、過剰になると失敗を誘発する

甘いレモンの合理化
自分が選んだものの
ポジティブな面を強調する

「自分は正しかった」

すっぱいぶどうの合理化
他の人が選んだものは
悪い結果だったと思う

「間違ったのは他の人の方だ」

「この失敗は全部自分が悪いんだ」

抑うつになる。

「この失敗は全部他人のせいだ」

自己改善、失敗のリカバリー、
問題解決、成長ができない。

甘いレモンとすっぱいぶどう

自己欺瞞の要素を知りながら、本当の自分を理解していくと正しく問題を改善できる。自己正当化は誰にでもあるが、過剰になると問題を大きくしてしまう苦しい人生になる。

出来事の原因を正確に推測できるほど、人生をより改善していける

①物事の原因を「努力」に帰属させる習慣をつける

　　A：自分の努力は十分だったか？

　　B：努力の方向性は正しく効果的だったか？

②性格や才能ではなく行動自体を反省せよ

性格や才能が失敗の原因？じゃあどうしようもないな。

失敗の原因はあの行動にあった。なら自分の行動を変えればOKだ！

人生を効果的に良くしていく原因帰属を学ぶ

改善に近づく効果的な原因推測をすべき。例えば、間違った努力や努力の量が足りていなかったなど。変えられない性格などの非難ではなく、健全な自己非難を心がける。改善行動に着目できる原因を設定しよう。

BOOK
6

クリティカルシンキング（入門篇）

2

物事の本質が
わかる
歴史的思考法

時の試練を経て、人々に学ばれ続けた
思考法たち。失敗を避けて人生を
良い軌道に戻す力強い英知が
そこにはあります。

BOOK 7 『孫子』

- 孫武著
- 2014年 プレジデント社

世界中に熱烈な読者を持つ兵法書の著者。中国の春秋時代に呉で将軍を務め、ライバルの楚を打ち破り、呉の国威を大きく高めた。その足跡には謎が多い、伝説的な人物の一人。

悩み 1

人生で成功している人は、どう『孫子』を活用しているの？　どんな考え方が基本なの？

悩み 2

人を動かしたり、人に能力を発揮してもらったりする方法はあるか？

悩み 3

いろんなチャンスがあっても活用できていない。どうすれば、チャンスに強くなれるの？

そんなときは『孫子』の思考法を活用しよう！

もっとも原始的な競争である戦争。その原理から、争いごとに勝つために、どのような思考法が必要であるかを解き明かした一冊。世界的な名著の『孫子』を活用しよう。

POINT
本書のポイント

\1/ ほとんどの勝負は、戦う前からついている
（有利な条件が多い側が勝つ）

\2/ 人がどれほど力を出せるかは、組織やリーダーなどの環境で激変する

\3/ 日頃から実力を蓄えながら、チャンスとは自分以外が与えてくれると理解する

📖 P058　百戦百勝は最善の策ではない。戦わないで勝つことがベストだ

📖 P022　戦上手は、なによりもまず勢いに乗ることを重視し、一人ひとりの働きに過度の期待をかけない。それゆえ、全軍の力を一つにまとめて勢いに乗ることができるのである

BOOK
7
孫子

ほとんどの勝負は、戦う前からついている
（有利な条件が多い側が勝つ）

相手より有利な条件が多い方が勝つ

条件が3：4程度では戦ってみないと勝負は分からない。有利な条件が圧倒的に多ければ、相手に「競争しても無駄だ」と思わせることができ、戦う前に勝利が決まる。

人がどれほど力を出せるかは、
組織やリーダーなどの環境で激変する

孫武

> 一人の兵士の力は入った環境で激しく上下する。やり方次第で実力以上の成果も可能だ。

| 20〜30しか働かない | 元々100の力を持つ兵士 | 300〜500の力を発揮できる |

> ダメだ。この組織で頑張っても無駄。

> やるぞ！

組織の中
・リーダーがダメ
・組織がダメ
・仕組みがダメ
・同僚がダメ

組織の中
・リーダーがすごい
・組織がすごい
・仕組みがすごい
・同僚がすごい

人がどれほどの力を発揮するかは作られた環境で激変する

一人の兵士の力は環境で激しく上下する。ダメな環境では、持っている実力以下の力しか人は発揮できないが、逆に良い環境にあれば実力以上の力を人は当たり前のように発揮できる。

BOOK
7

孫子

日頃から実力を蓄えながら、チャンスとは自分以外が与えてくれると理解する

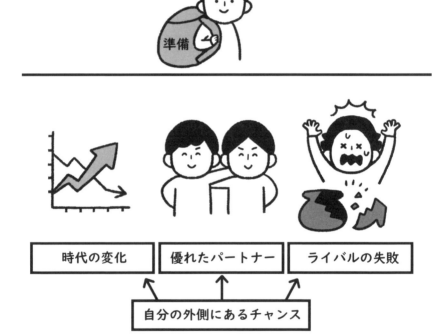

勝利への準備と守りを固めるのは自分でできる

しかし本当に大きな勝機は常に自分の外側の変化が与えてくれる

準備

時代の変化

優れたパートナー

ライバルの失敗

自分の外側にあるチャンス

チャンスはいつも自分の外側にあると知る

勝利への準備と守りを固めるのは自分でできるが、本当に大きな勝機は自分の外側の変化が与えてくれる。「時代の変化」「優れたパートナー」「ライバルの失敗」など、自分以外に目を向けてチャンスを見つける。

善く生きることができる、自分の中にぶれない軸が持てる

BOOK 8 『論語』

- 孔子著／金谷治訳注
- 1963年　岩波書店／岩波文庫

紀元前500年前後の生まれ。古代中国の思想家。周王朝を理想として仁による政治を説いた。『論語』は孔子の死後数百年のあいだに、弟子たちが孔子の教えをまとめた書籍。

悩み 1

理想はあるのに、実現への道はとても険しい。そんな悩みの時期は、どう生きればいいの？

悩み 2

安逸や怠惰に慣れてしまい、自堕落になる。そのような自分をどう戒めたらいいの？

悩み 3

長い人生の中で、人とどう接するべきか？　どんな人間関係を目指せば、よい人生を歩むことができるの？

そんなときは『論語』の思考法を活用しよう!

何を自分の人生の軸にするのか、優れた人はどんな志をつらぬくのか。社会の変化や荒波により、常に思い通りにはならない人生において、正しく生きるための心得を説く。

POINT 本書のポイント

\1/ 理想を掲げて追求し続けるには、柔軟さと一途さを併せ持つ必要がある

\2/ 目の前の状況に翻弄されず、仁と智を基準に物事を判断する

\3/ 人の良い点を見出し、認めてやりながら、その人の成長をさらに促す

P070 仁でない人はいつまでも苦しい生活にはおれないし、また長く安楽な生活にもおれない。仁の人は仁に落ちついているし、智の人は仁を善いことと認めて活用する

P181 大軍でも、その総大将を奪い取ることはできるが、一人の男でも、その志しを奪い取ることはできない

理想を掲げて追求し続けるには、柔軟さと一途さを併せ持つ必要がある

大きく偉大な目標と理想

小さな目の前の利益に惑わされずに最大の理想のための日々を過ごす

目の前の小さな利益

利益に気を取られると大事は成し遂げられない

良い理想は簡単には成し遂げられない

だからこそ柔軟に生きながらずっと心に理想を失わない人こそが尊いのだ！

理想を追求するには柔軟さと一途さが必要

大きな理想は簡単には成し遂げられない。小さな目の前の利益に惑わされずに、最大の理想に向けて日々を過ごすことが重要。きびしい現実を前に柔軟に生きながらも、理想を持ち続けて失わない人こそが強い。

目の前の状況に翻弄されず、
仁と智を基準に物事を判断する

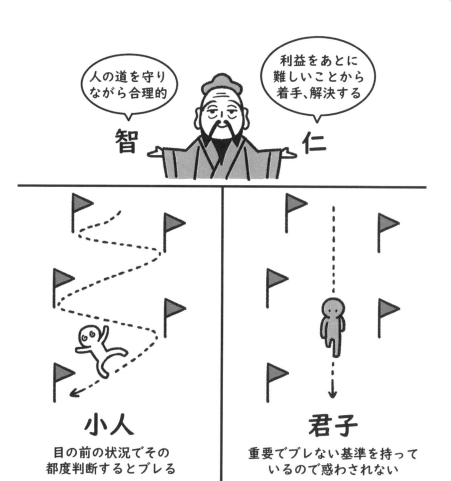

目の前の状況に惑わされず、仁と智を基準に判断する

目の前の状況でその都度判断すると、ブレが生じる。「仁」と「智」という中心となる基準を持って判断すれば、惑わされない。

人の良い点を見出し、認めてやりながら、その人の成長をさらに促す

人の良い点を認めて悪い部分を無効にしていく

孔子は弟子の良い面を引き出して育てたので、多くの弟子が孔子を深く敬愛した。孔子は出世という意味では不遇だったが、多数の弟子に恵まれた。そうした弟子たちの熱意があったからこそ、『論語』は後世に残った。

BOOK 8 論語

BOOK 9

『こうツァラツストラは語った』

- フリードリヒ・ニーチェ著
- 2004年　河出書房新社

1844年プロイセン王国に生まれる。スイスのバーゼル大学で古典文献学の教授を務めた。退職後は、在野の哲学者として多数の著作を残す。『こうツァラツストラは語った』は代表作の一つ。

悩み **1**

ニーチェの言った「神は死んだ」とはどんな意味なの？　その言葉は、何を象徴するものなの？

悩み **2**

理想を抱いても、人生も社会もうまくいっているように見えない。悲観することばかりの世の中で、どうすればいいの？

悩み **3**

神が死んだと理解した人たちが、次にロバを信仰の対象とした話は、一体何を意味するの？

そんなときは『こうツァラツストラは語った』の思考法を活用しよう!

人々の価値観や生き方を支配してきた古い概念が崩れるとき、自らの可能性を最大限発揮できる機会を人は手にしている。神が死んだ今こそ、私たちは「超人」を目指すべきなのだ。

本書のPOINT

本書のポイント

\1/ 人を規定する伝統的な枠組みは消えかかっている。だから人は自分の意志を持つべき

\2/ 理想を抱えている者こそ、現実から逃げるな。混沌とした現実に戦いを挑め

\3/ 古い神から解放されても、人は自ら新たな偶像の支配を受けようとしてしまう

P277 神のまえでは! ——ところが、この神は死んだのだ! きみたち、より高い人間よ、この神はきみたちの最大の危険だった。この神が墓に横たわっていらい、きみたちは初めてふたたび復活したのだ

P278 恐怖を知って、しかも恐怖を屈服させる者が大胆なのだ。深淵を見て、しかも誇りを失わない者が大胆なのだ

人を規定する伝統的な枠組みは消えかかっている。 だから人は自分の意志を持つべき

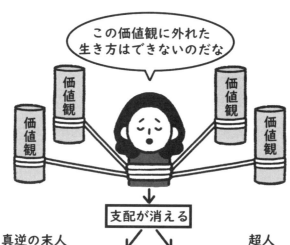

この価値観に外れた
生き方はできないのだな

価値観　価値観　価値観　価値観

支配が消える

真逆の末人
支配の糸が切れたことで
糸が切れたタコのように
彷徨い人の可能性を悲観
的に小さく見積もる退廃
的な人々

超人
古い概念の支配から解放
され自由な精神と意志を
持ち自らによりどころを
持つ人生を歩む人

人々を支配してきた古い価値観や生き方

神とは人々を支配する古い価値観や概念のこと。「神は死んだ」とはその
概念の支配力が消えたことを指す。
神が死んだからこそ、人間はより高みにある「超人」を目指すべき。

理想を抱えている者こそ、現実から逃げるな。
混沌とした現実に戦いを挑め

理想を持って人々と社会を良くしたい

うわ！現実は混乱と落胆だらけだ！

理想を理解しない人々

人間の可能性から目を逸らす大衆

「こうツァラツストラは語った」における主人公の行動			
① 人間を愛する。理想をかかげる人には人間への愛があるべきである。	② 市場に向かう。多くの人、悟りのない人のいる市場でツァラツストラは現実と向き合った。	③ 現実の苦しさを知る。多くの人は古い支配が心地よくそこから抜け出す意志を持たない。	④ 自ら熟す。苦しみを知りながら理想を失わず自らを熟す時間を持つ。

理想を抱く者こそ、混沌とした現実と対峙し続けよ

理想と現実は違う。現実は混沌とし、落胆も多くある。けれども、理想や美しい理論を掲げて、社会を良くしたいと考える者はギャップに耐える必要がある。現実の汚さを知っても理想に閉じこもらず、世界を変えよ！

古い神から解放されても、人は自ら新たな偶像の支配を受けようとしてしまう

人は解放されても新たな偶像に支配されたがる

「神が死んだ」ことで精神が解放されるチャンスを得た、「より高い人間たち」も、心の弱い者ほどわかりやすいものを偶像化して、新たに支配されて意志と自由を自ら放棄してしまう。それが安逸な道だからである。

BOOK 10

『はじめての哲学的思考』

- 👤 苫野一徳著
- ✏ 2017年　目 筑摩書房／ちくまプリマー新書

早稲田大学大学院教育学研究科博士課程修了。熊本大学准教授。専攻は哲学・教育学。現代人の多くの悩みに哲学の知見・視点から答える著作多数。

悩み 1

議論をするとき、気を付けるポイントはあるの？　哲学的思考から、どんな効果的な注意点があるの？

悩み 2

「絶対の真理」がこの世界にないならば、哲学的な正しい議論では、何を目指せばいいの？

悩み 3

哲学が、不幸の本質は「欲望と能力のギャップにある」とするなら、不幸から逃れるための3つの道とはどんなもの？

そんなときは『はじめての哲学的思考』の思考法を活用しよう!

人を非生産的な議論に巻き込む「ニセ問題」など、人を悩ませたり惑わせたりする問題を、哲学的思考から見抜くことができる。私たちを悩ませる多くの問題の本質をつかめる。

POINT 本書のポイント

\1/ 堂々巡りになる「ニセ問題」、押し付けになる「一般化」に注意して議論しよう

\2/ 相対化のワナに陥らず、お互いに共通の了解が得られる会話を目指す

\3/ 「能力を上げる」「欲望を下げる」「欲望を変える」という対応が可能である

📖 P026 哲学は、できるだけだれもが"たしかめ可能"な答えを見つけようとする

📖 P102 哲学における"思考の始発点"、それは、一切は僕たちの"確信"や"信憑"であるということ、そしてその"確信"や"信憑"は、僕たちの欲望に応じて抱かれるということにある

堂々巡りになる「ニセ問題」、押し付けになる「一般化」に注意して議論しよう

絶対的な真理というより「誰もが納得できる地点」まで哲学は考えを深めようとする。

科学は事実のメカニズムを明らかにする。哲学は真・善・美をはじめとする人間的な意味を探求する。

注意点①
「一般化のワナ」
ある問題について自分の経験を絶対視してそれが全ての場合の正解だと主張すること

自分の体験は絶対の真理だ！

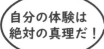

注意点②
「問い方のマジック」
「ニセ問題」を見破ろう。どうどう巡りになる。わざと「二項対立」させた問いや答えが出ないような形式にした問いを見破るべき。

ニセ問題

哲学が教えてくれる議論における2つの注意点
経験は自分の信念になりがち。しかし、相手にとっては全く別のものであり得る。前向きな議論にならない「悪意ある問い」は、建設的で意味のある問いに変えるべき。

BOOK
10
はじめての
哲学的思考

相対化のワナに陥らず、お互いに共通の了解が得られる会話を目指す

どんな議論や主張も否定する「相対化」に注意する

帰謬法とは「人それぞれ」「場合によって違う」という言い方で全てを否定する方法。否定のための否定によく使われる。例えば「おまえの主張も絶対とは言えないよ」など。

「能力を上げる」「欲望を下げる」「欲望を変える」という対応が可能である

不幸とは
欲望と能力の
ギャップである

不幸から逃れる道
は原理的に３つ

①	②	③
能力を必要レベルまで上げること	欲望を下げること	欲望を変えること

能力

欲望

欲望

哲学から見る不幸の本質とその対応法

欲望と能力のギャップは、固定的なものではない。人生の充実感や幸福を与えてくれる新しいものに目を開く機会を持つ。現代的な不幸として、やりたいことが見つからないなどの「欲望がわかない」というものもある。

BOOK
11
『禅問答入門』

- 石井清純著
- 2010年 目 KADOKAWA／角川選書

仏教学者、 駒澤大学教授。 元スタンフォード大学客員研究員。 禅思想、 道元に関する著作多数。

悩み
1

禅問答は、どうして難解に見えるの？ その難解さには、どんな目的があるの？

悩み
2

悟りを開くとはどんなことなのか？ 禅は、悟りのためにどんな手順が必要だと考えているの？

悩み
3

禅は、どうして答えを直接教えないの？ 自分で悟りを開くことに、どんな価値があるの？

そんなときは『禅問答入門』の思考法を活用しよう！

禅とは、自分の中の仏性を自己発見することを目的としている。答えは他人や自分以外にあるのではなく、最初から自分自身の中にあるのだ。

POINT
本書のポイント

\1/ 禅は、「真理はこれだ」と言い切った瞬間に的外れになると想定しているから

....

\2/ 禅は、4つの基礎概念を持っている

....

\3/ 人それぞれ真の答えは異なる。だからこそ、自分で見つけることに意味がある

📖 P022 （禅とは）すべての事象に真理を見るという、徹底的な現実肯定の思想です

📖 P036 禅では、親切に答えを示すのは、まったく不親切な指導となります。なぜなら、自己を認識できるのは、自分自身以外にはあり得ないからです

BOOK
11
禅問答入門

禅は、「真理はこれだ」と言い切った瞬間に
的外れになると想定しているから

禅では「言葉や文字では真理を表現し尽くせない」と考える

文字や言葉では真理を完全な形で伝えることはできない。これが、禅問答
が答えではなく相手に考えさせる理由である。実践と自己発見こそが大切。

禅は、4つの基礎概念を
持っている

禅の4つの基礎概念			
① 経典や文字は直接真理を伝えてないので依拠しない	② 自分の本性（本質）は本来的に清らかなものである	③ 悟りとはその清らかな本性を認識して自覚すること	④ 正しい教えは釈尊以来、師と弟子の心から心へ伝授される

禅では清らかな本性を自己発見するため座禅する

禅は現実にある全ての事象に真理を見る

仏法（真理）

自ら悟る

禅を理解するための4つの基礎概念

禅は、現実にある全ての事象に真理を見る徹底的な現実肯定の思想。

禅の修行は、自分が仏（完成者）であることを自覚するために行う。

人それぞれ真の答えは異なる。
だからこそ、自分で見つけることに意味がある

3

視野が大きく
広がる思考法

「こう考えればよかったのか!」
視野を広げる思考法は、より豊かに
生きるヒントを私たちに教えてくれます。

BOOK 12

『パン屋では おにぎりを売れ』

👤 柿内尚文著
✏ 2020年 🏛 かんき出版

編集者。広告会社から出版業界に転職。ぶんか社、アスキーを経て、現在は株式会社アスコム取締役編集局長。これまでに企画した本の累計発行部数は1000万部以上。多数のヒット作を世に出す。

悩み 1

なぜ、考えるということがとても大切なの？ 考える行為の、基本構造はあるの？

考えるといえば、ロジカル・シンキング？ では、論理的に考えることがすべてなの？

悩み 2

悩み 3

ヒットする企画の基本的な条件はあるの？ ヒットを実現するための思考法はあるの？

そんなときは『パン屋ではおにぎりを売れ』の思考法を活用しよう!

成果を出す「考え方」にはコツがある。 そのコツを教えてくれる。 人生は「思考＋行動」でできている。 だからこそ、思考法をより良いものにすることが、人生を変える近道になる。

本書のポイント

\1/ 考えの質が、人生の質に直結する。「広げる」と「深める」2つの基本がある

……………………………………………………………………

\2/ 「考える」にはロジカルな論理的思考と、 非論理的思考の2つがある

……………………………………………………………………

\3/ 人の興味を高めるには、「自分ゴト」「あなたゴト」「社会ゴト」の3つの接点が必要

P030 「考える」ことについてまず、最初に知っておいてほしいこと。それは「考えるとは『広げること』と『深めること』である」ということです

P079 人生は、恐ろしくシンプルな原則でできています。
人生＝ 思考 ＋ 行動

BOOK
12
パン屋ではおにぎりを売れ

本書のポイント

考えの質が、人生の質に直結する。
「広げる」と「深める」2つの基本がある

考える質を上げると
人生の質も向上する

①広げる
アーティストや企業と
コラボレーションした
デザインやバリエー
ション。

②深める
「LIFEが書かれている」
存在。ただのスケジュー
ル管理ツールではない。

使い方や
楽しみ方を
増やした。

手帳の本質的
な価値や意味を
問い正した。

考えるには「広げる」と「深める」の2つの基本がある

考えることの2つの基本。1つは広げる＝今までにないものを生み出した
り、新しい価値を作ったりすること。2つ目は深める＝本質的な価値「そ
のもの」を考えること。考える質を上げると人生の質も向上する。

「考える」にはロジカルな論理的思考と、非論理的思考の2つがある

論理的思考(ロジカルシンキング)

データは過去

非論理的思考

今までにないものを考えること。直観や思い、未来を考えることで生み出される。

直観　未来

考えるにはロジカルな論理的思考と非論理的思考の2つがある

論理的思考では解決できない問題もある。論理的思考はデータを活用する。
そのため、「データがないと決められなくなる」弊害も出てくる。
そんなときは、非論理的に考えることで壁を乗り越えよう。

BOOK
12

パン屋では
おにぎりを売れ

人の興味を高めるには、「自分ゴト」「あなたゴト」「社会ゴト」の3つの接点が必要

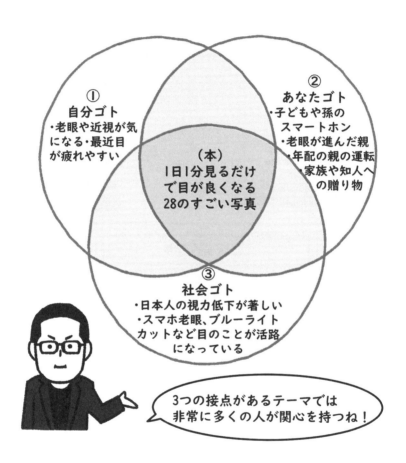

① 自分ゴト
・老眼や近視が気になる・最近目が疲れやすい

② あなたゴト
・子どもや孫のスマートホン
・老眼が進んだ親
・年配の親の運転
・家族や知人への贈り物

（本）
1日1分見るだけで目が良くなる28のすごい写真

③ 社会ゴト
・日本人の視力低下が著しい
・スマホ老眼、ブルーライトカットなど目のことが活路になっている

3つの接点があるテーマでは非常に多くの人が関心を持つね！

3つの接点があるテーマが多くの人を惹きつける

深く考えるコツの一つは「自分ゴト」「あなたゴト」「社会ゴト」の3つの接点を創り上げること。3つの接点を持つテーマは非常に多くの人々が関心を持つ。

BOOK 13 『メタ思考トレーニング』

- 👤 細谷功著
- 🖉 2016年 📖 PHP研究所／PHPビジネス新書

ビジネスコンサルタント。東京大学工学部卒業後、東芝を経てアーンスト＆ヤングなど著名コンサルティング会社に勤める。現在はクニエのコンサルティングフェロー。問題解決やビジネス向け思考法の著作多数。

メタ思考トレーニング
発想力が飛躍的にアップする34問
細谷 功 Isao Hosoya

悩み 1

自分勝手な思考とはどんなことを指すの？　自己矛盾がある人は、どんな思考をしているの？

悩み 2

メタ思考の最初の一歩は、どんな思考法になるの？　上位目的を考えるとは、どんなことを意味するの？

悩み 3

創造的なアイデアが思い浮かばない。そんなときに効果的と言われる、アナロジー（類推）をうまく行うコツはあるの？

そんなときは『メタ思考トレーニング』の思考法を活用しよう!

視野の狭い思考の枠にはまっている自分を発見して、より創造的なものの見方ができるようになる。これまでになかった視点や、理解していなかった可能性が発見できる。

本書のポイント
POINT

\1/ 自分のことを棚に上げたり、都合の良い思い込みから物事を見たりしてしまう

....

\2/ メタ思考のための2つの方法は「上位目的を考える」と「抽象化して考える」

....

\3/ 思考に飛躍をもたらすアナロジーは「具体」と「抽象」のあいだで2つのパターンを使う

📖 P003　あるものを一つ上の視点から客観的に見てみるということです

📖 P025　年配者によく聞かれる「近頃の若いものは不甲斐ない」という類の言葉は、「非メタ思考の権化（ごんげ）」とでも呼べる発言です

自分のことを棚に上げたり、
都合の良い思い込みから物事を見たりしてしまう

自己矛盾が多い人は自分を客観的に見ることができない

メタ認知とは、視野を広げて一つ上の場所から俯瞰して自分を客観視すること。このように見ると、自分のことは棚に上げて他者を批判する自分勝手な言動がよく見つかる。これは非メタ思考の権化だから注意が必要。

BOOK
13

メタ思考トレーニング

メタ思考のための2つの方法は
「上位目的を考える」と「抽象化して考える」

①上位目的を考える

> ドローンについて調べて。

> なぜドローンについて調べるのですか？その目的は？

問題や課題そのものをまず考えて定義しなおす。

②抽象化して考える

> この2つの高次の共通点は〇〇だ。

> 他の発見に使えるね。

事象A　　事象B

高次の共通点を見つけて一般化
することで新しい視点を得られる。

「メタ思考」実践のための2つの重要テクニック

**メタ思考の入り口は「自分を客観的に見ようとすること」。間違っている
のは相手ではなく、実は自分かもしれないと考えてみる。その上で2つの
テクニックが重要である。
①上位目的を考える　②抽象化して考える**

思考に飛躍をもたらすアナロジーは「具体」と「抽象」のあいだで2つのパターンを使う

アナロジー（類推）の効果　　　論理的思考　　　全く新しい発想

BOOK
13
メタ思考トレーニング

思考に飛躍を生み出すアナロジー（類推）の効果

アナロジーとは似ているものから発想を借りること。データなどをもとにした連続的、論理的な発想を超えることが可能になる。パクリと混同されがちだが、アナロジーとパクリの違いは抽象化してから具体化すること。

BOOK 14 『問いのデザイン』

- 安斎勇樹、塩瀬隆之著
- 2020年　学芸出版社

安斎氏は株式会社 MIMIGURI CO-CEO。 東京大学大学院情報学環特任助教。 塩瀬氏は京都大学総合博物館准教授。ともに多数のワークショップの開催実績がある。

悩み **1**

良いアイデアが浮かばないとき、「問い」をどう活用できるの？ 「問い」を作るとき、何を意識すべきなの？

悩み **2**

問題を正しく理解するために、どんな思考法があるの？ 「問題」と「課題」は何が違うの？

悩み **3**

「問い」のデザインと関連した、効果的なワークショップの実行法はあるの？

そんなときは『問いのデザイン』の思考法を活用しよう!

こまった問題がありながら、よい解決策やアイデアが出ないことがある。 また、 そもそも何が本当の問題かわからないときも、 「問いをデザインする力」 があれば解決に近づける。

POINT

本書のポイント

\1/ 問いには 7 つの基本性質がある。 その性質を活用できるのが 「良い問い」

\2/ 5 つの視点から 「問題」 を捉えて、 共通の 「課題」 に変えていこう

\3/ 参加者の 「体験」 と 「効果的な問い」 を織り交ぜて進行させること

📖 P021 問いかけによって 刺激される思考と感情

📖 P279 「理想の授業とは何か?」 を丁寧に突き詰めることで、主体的で対話的で深い学びという大きな学習観の実践にもつながることを気づかせてくれるワークショップとなりました

BOOK
14

問いのデザイン

問いには7つの基本性質がある。
その性質を活用できるのが「良い問い」

揺り動かす力が
問いにあるぞ

古い
考え方

固定
概念

問い

関係性の
固定化

認識の
固定化

問いの7つの基本性質		思考と感情を刺激する
設定によって導かれる答えも変わる	新たな別の問いを生み出す	創造的な対話のトリガー
集団のコミュニケーションを誘発する	個人の認識が内省される	集団の関係性を再構築する

良いアイデアが出ないときこそ、「問いのデザイン」を見直すべき

良いアイデアが出ないときは、「問いの7つの基本性質」を活用し、「問いのデザイン」を見直してみよう。良い問いには、思考を自由にする力がある。

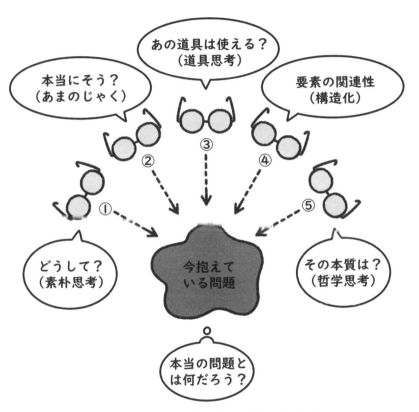

5つの視点から「問題」を捉えて、共通の「課題」に変えていこう

あの道具は使える？
（道具思考）

本当にそう？
（あまのじゃく）

要素の関連性
（構造化）

②

③

④

①

どうして？
（素朴思考）

今抱えている問題

その本質は？
（哲学思考）

⑤

本当の問題とは何だろう？

問題から関係者が「何を目指すべきか？」
という合意、つまり課題に変化させていく。

5つの視点で問題を捉えてみよう

問題＝目標と動機はあるが到達の方法がわからない状況のこと。本当の問題を捉えるには5つの視点を活用する。問題から、関係者が「何を目指すべきか？」という合意のある状態＝課題に進化させていく。

BOOK
14

問いのデザイン

参加者の「体験」と「効果的な問い」を
織り交ぜて進行させること

中高生36名と先生13名のワークショップ

【課題】
生徒と先生の視点から理想の授業を
実現するクルド（行動指針）を作る

多角的にユニークな
意見を引き出したい

【問い】
・理想の授業とは何か？
・授業の受け方を考えてみよう
・最低最悪の授業とは？
・先生も盛り上がる理想の授業態度とは？
・生徒が夢中になる先生は？

【体験】
出てきたアイディアを元に模擬の授業を行って先生と
生徒のフィードバックをして効果的な指針にしていった

参加者の「体験」と「効果的な問い」を織り交ぜる

コミュニケーションをしながら複数で学び、考えるワークショップでは、あえて制約をつけた問いを投げかけることでメンバーから斬新なアイディアを引き出すことができる。

BOOK 15

『それ、勝手な決めつけかもよ?』

- 阿部広太郎著
- 2021年　目 ディスカヴァー・トゥエンティワン

それ、勝手な決めつけかもよ
だれかの正解にしばられない「解釈」の練習
阿部広太郎
Discover

慶應義塾大学経済学部卒業。 電通入社。 コピーライティングや作詞、 企画制作など幅広く活躍。 オンライン生放送学習コミュニティ 「Schoo」 で 2020 年のベスト先生 TOP5 にランクイン。

悩み 1

周囲の期待通り生きても幸せな感覚がない。どうすれば本当の自分を発見できるの?

悩み 2

難しいこと、いやなことばかり起こる今。どうやって出来事を解釈すれば、明るい気持ちになれるの?

悩み 3

未来が不安、将来が不安で仕方がない。どうすれば明るく、希望が持てる未来を描けるの?

そんなときは『それ、勝手な決めつけかもよ?』の思考法を活用しよう!

「他人の決めつけ=勝手」に私たちは囲まれている。その拘束を、「解釈の力」で取り払うことで、本当の自分を発見しながら、今と未来をワクワクした豊かなものにしていこう。

POINT
本書のポイント

\1/ 自分の「好き」と「心地よい」を探して、自分を再発見しよう

....

\2/ 起きた出来事を、未来のために「積極的に解釈する」習慣をつけよう

....

\3/ 未来を「どうありたいか?」「何をしたいか?」の2軸で描いていく

📖 P264 『未来』は、いくつもの名前を持っている。弱き者には『不可能』という名。卑怯者には『わからない(不可知)』という名。そして勇者と哲人には『理想』という名、である。──ヴィクトル・ユーゴー

📖 P277 あなたを取り囲む「勝手」を、解釈することで取り払おう

自分の「好き」と「心地よい」を探して、自分を再発見しよう

自分の知らない自分を発見しよう

① 自分のたった一つの名前の意味を確認することも効果的。

② 好きと嫌い、好きな人と嫌いな人がどんな人か、から自分を知ることもできる。

自分の名前は〇〇。親は〇〇の願いを込めていた。

自分が自然に好きなもの、嫌いなものを大切にする。

社会の常識、ルール

あるべき論

自分の「好き」と「嫌い」の感覚を大切にして、自分を再発見する

自分の知らない自分を発見するための方法は二つ。一つ目は、自分のたった一つの名前の意味を確認すること。もう一つは、自分が自然に持つ好き・嫌いの感覚を大切にしてみること。

本書のポイント**2**

起きた出来事を、未来のために
「積極的に解釈する」習慣をつけよう

二つの解釈方法
①現状を前向きに言い換える
②未来をその結果を前向きに想像して解釈する

情報が降り注ぐ現代では積極的に解釈する習慣が大切

情報の洪水をそのまま受け止めたら不安と心配で心がいっぱいになってしまう。対策として、2つの解釈を習慣化しよう。1つは現状を前向きに言い換える習慣。2つ目は未来を結果を前向きに想像して解釈する習慣。

未来を「どうありたいか？」「何をしたいか？」の2軸で描いていく

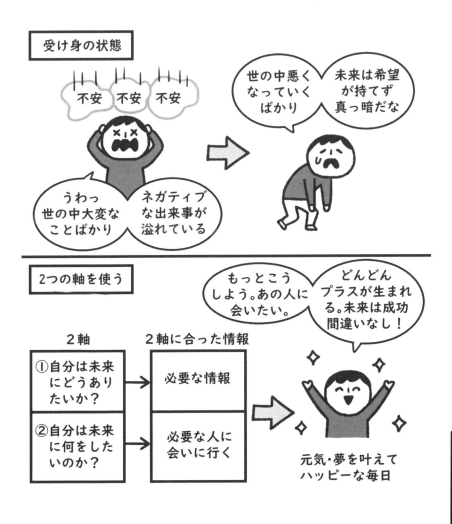

受け身で未来を思い描くのではなく、2つの軸で未来を描く

受け身の状態だと、現実はネガティブな出来事が溢れているため、未来に希望が持てない。だから、「自分は未来にどうありたいか？」と「自分は未来に何をしたいのか？」という2つの軸で未来を描く。

BOOK **15** それ、勝手な決めつけかもよ？

4

地アタマが
強くなる思考法

頭の良い人は、着眼点が違うと
よく言われます。仕事や人生で賢さを
生み出す思考法の数々を学びます。

BOOK 16

『武器としての図で考える習慣』

平井孝志著

2020年　東洋経済新報社

筑波大学大学院ビジネスサイエンス系教授。

考えることがそもそも苦手。どうすれば「深く考える」ことができるの?

世の中に溢れる情報が多すぎるけど、どうしたらその中から本質を捉えられるの?

絵心がないんだけど、「図で考える」思考は誰でも身につけられる方法なの?

そんなときは『武器としての図で考える習慣』の思考法を活用しよう!

本当に理解すべき大切なことは結局図でしか表せない。 あるいは図で表すのが最も早い。 だからこそ、 意識して図で考えるようにすれば、 深く考えられるようになる。

本書のポイント

\ 1 / 図で考えれば、 情報の渦に溺れることがなくなるので考えが深まる

\ 2 / 「ピラミッド」「田の字」「矢バネ」「ループ」の4つの型を身につける

\ 3 / 使いこなすためには頭の中の 「引き出し」 を増やす

📖 P004 威力を発揮する理由は、 ビッグ・ピクチャー（全体像）を描ける、 論理展開が明確になる、 構造やダイナミズムを的確に把握できる、 といったところにある

📖 P027 現象の中から骨格を切り出し、 現象の裏側にある構造を捉えること

BOOK
16

武器としての図で考える習慣

図で考えれば、情報の渦に溺れることがなくなるので考えが深まる

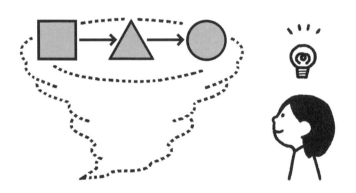

余計な情報がそぎ落とされ「本質」が見える

多すぎる情報は思考の低下を引き起こし、考えが深まりません。そんなときに、図で考えることができれば、本当に大事なものだけを浮き彫りにすることができます。

「ピラミッド」「田の字」「矢バネ」「ループ」の4つの型を身につける

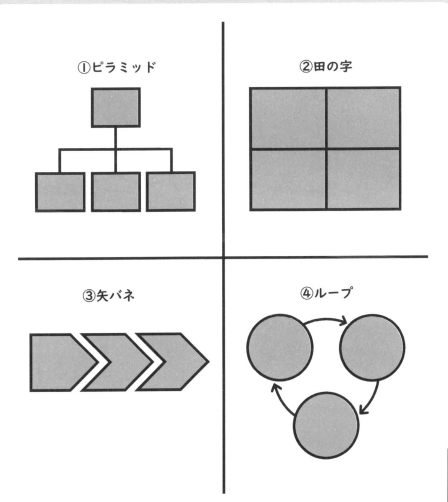

① ピラミッド

② 田の字

③ 矢バネ

④ ループ

4つの型を使いこなせるようになれば強力な武器になる

① ピラミッド：複雑なものを具体的な要素に分解することで論理構造を捉えられる

② 田の字：本質を切り取り、思考を整理するのに役立つ

③ 矢バネ：物事の流れや動きを捉えるのに最適である

④ ループ：物事の関係性に着目し、構造と因果を理解するのに役立つ

BOOK
16

武器としての図で
考える習慣

使いこなすためには頭の中の
「引き出し」を増やす

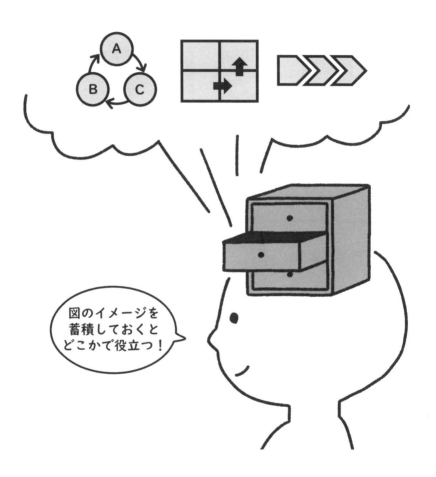

図のイメージを
蓄積しておくと
どこかで役立つ！

いろんな経験を図的に頭の中の「引き出し」に溜め込む

自分で考えた論理、見聞きした論理を「抽象化」した図のイメージで頭の
中に蓄積しておくと、それがどこかで役立つこともある。何か問題に直面
したときに、それを素早く取り出し使いこなすことは有効な頭の使い方で
ある。

BOOK 17 『フレームワークを使いこなすための50問』

- 牧田幸裕著
- 2009年　目 東洋経済新報社

アクセンチュア戦略グループ、IBM ビジネスコンサルティングサービスなどを経て、2006 年より信州大学経営大学院助教授、2018 年より名古屋商科大学ビジネススクール教授を務める。

フレームワークを使いこなすための50問 なぜ経営戦略は機能しないのか？ 牧田 幸裕

悩み **1**

フレームワークにはどんな機能があるの？　思考とフレームワークの関係はどんなもの？

悩み **2**

日本企業や日本人は、戦略を作ることが苦手と言われるけど、どんな点で間違っていることが多いの？

悩み **3**

計画を立てても実行できないのはなぜ？　実行できない自分（組織）を変える方法はあるの？

そんなときは『フレームワークを使いこなすための50問』の思考法を活用しよう!

フレームワークを使いこなせない企業やビジネスマンが多い中で、どのような視点を持つと、フレームワークを正しく効果的に使いこなし、成果を出せるのか教えてくれる。

本書のポイント

\1/ 情報を効果的に整理することが、質の良い洞察を導いてくれる

\2/ 戦略立案は、単なるスローガンや「とにかく頑張ろう!」という主張とは違う

\3/ 実行者がその計画を心底納得しているかと、実行と効果のフィードバックが重要

📖 P018 多くの戦略立案担当者（私の実感値としては95%以上）は、フレームワークの使い方を間違えている

📖 P055 単に情報を収集することが目的でもなければ、「これは問題ですねぇ」といって評論することが目的でもないのである。キモは、解決策の策定につながる問題点の提示だ

情報を効果的に整理することが、質の良い洞察を導いてくれる

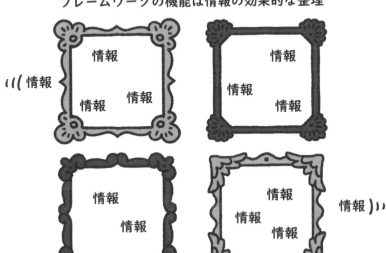

フレームワークの機能は情報の効果的な整理

フレームワークとは情報を整理する枠組み

メリット①
情報を抜け漏れなく全体として網羅的に整理できる

メリット②
特定の視点での整理によって意味や状況が明確になる

メリット③
聞き手にとってこちらの主張したいメッセージが説得力を持つ

フレームワークの機能は情報の効果的な整理

ばらばらな情報をフレームワークで効果的に整理すると良い洞察を引き出せる。メリットは3つある。

①情報を抜け漏れなく全体として網羅的に整理できる

②特定の視点での整理によって意味や状況が明確になる

③聞き手にとってこちらの主張したいメッセージが説得力を持つ

戦略立案は、単なるスローガンや「とにかく頑張ろう！」という主張とは違う

日本企業の戦略は多くの場合2つの主張しかしていない。

全否定はしないが、これは事業戦略とは言えない。

①	②
良いモノを安く作るという主張（競合も同じコストを考えている）	他社よりもガムシャラに頑張る（競合も同じ発破をかけているのでは？）

自社のポジションに有利な選択が戦略には重要。

他社がやろうと思ってもあなた以上の効果を上げられないものなら更に良い。

ポーターの基本戦略

（どういう方法で攻めるか）

	低コスト	特異性
広い市場	コストリーダーシップ戦略	差別化戦略
狭い市場	集中戦略	

（どこを攻めるか）

戦略立案が単なるスローガンになっていないか？

日本企業の戦略は多くの場合、「良いモノを安く作る」と「他社よりもガムシャラに頑張る」という2つの主張しかしていない。そして競合も同じことを考えている。

実行者がその計画を心底納得しているかと、実行と効果のフィードバックが重要

①達成手段を実行してもゴールに届かない。

②実行すればゴールに届くが、とても実行できないか、実行の方法が分からない。

実行者と計画者が違う場合

①本当に必要？

②自分たちにできる？

③やり損にならない？

3つの疑問に納得できる答えが必要

実行者　　　　　計画者

結果のフィードバック

実行者か計画のどちらに問題があるか決める。

A：やるべきことをやり切ったか？

B：やり切ったことで目指す結果は出たのか？

計画を立てても実行できないことには2つの理由がある

ゴールと達成手段には大きく2つの問題がある。実行者と計画者が違う場合、計画者は実行者が当然持つ疑問への答えを用意する必要がある。そのうえで計画者か、実行者かどちらに問題があるかを判断する。

BOOK 18 『エッセンシャル思考』

- 👤 グレッグ・マキューン著
- ✏ 2014年 📖 かんき出版

シリコンバレーのコンサルティング会社 THIS Inc. の CEO。エッセンシャル思考による生き方とリーダーシップを広める講演活動、執筆を行う。アップル、グーグルなど世界的な企業にアドバイスを与えている。

悩み **1**

エッセンシャル思考とはどんな考え方なの？ 非エッセンシャル思考と何が違うの？

悩み **2**

何にでも取り組んでしまう過去から変わるため、どうすれば「捨てる技術」を身につけることができるの？

悩み **3**

エッセンシャル思考を習慣化するために、何をすることが効果的なの？

そんなときは『エッセンシャル思考』の思考法を活用しよう!

成果を上げるため、充実した人生を送るため、本当に重要なことに絞り込んで進めよう。疲弊しながら成果が低い状態から脱却して、成果を最大化する重要な少数に取り組もう。

POINT
本書のポイント

\1/ 「より少なく、しかしより良く」、重要な少数に優先順位をもって取り組む思考法

\2/ 本当に大切なことを明確にしながら、「断る技術」や「選抜する力」を高める

\3/ 「最も重要なことに取り組む」を、生活の中心にすえて生きる

📖 規律なき拡大は失敗への道
P032

📖 「絶対やるべきこと」を決めるのは、エッセンシャル思考の第一歩だ。（中略）仕事や人生の決定打となるブレイクスルーは、不要なものを切り捨てることから始まるのだ
P148

BOOK
18

エッセンシャル思考

「より少なく、しかしより良く」、
重要な少数に優先順位をもって取り組む思考法

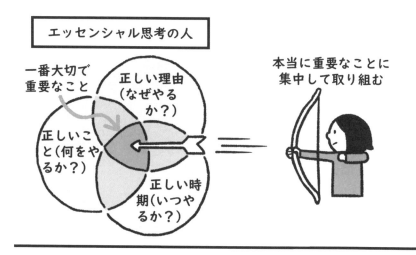

エッセンシャル思考の人

一番大切で重要なこと

正しい理由（なぜやるか？）

正しいこと（何をやるか？）

正しい時期（いつやるか？）

本当に重要なことに集中して取り組む

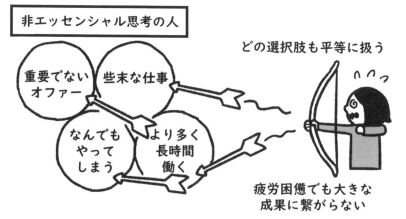

非エッセンシャル思考の人

重要でないオファー

些末な仕事

なんでもやってしまう

より多く長時間働く

どの選択肢も平等に扱う

疲労困憊でも大きな成果に繋がらない

規律を持って「より少なく、しかしより良く」に取り組むこと

非エッセンシャル思考の人は、大多数の物事が重要だと考えてしまい、いろんなことに手を出して取り組んでしまう。結果的に疲労困憊してしまい、大きな成果に繋がらない。

本当に大切なことを明確にしながら、「断る技術」や「選抜する力」を高める

本質・目標を決めて、一番優先することを明確にする

達成を明確に判定できる目標を設定することが大切である。重要ではないのに、あなたの人生の時間を奪う選択肢やオファーが沢山くる。もしたった一つのことしかできないなら何をするか考えてみるとよい。

BOOK
18

エッセンシャル思考

「最も重要なことに取り組む」を、
生活の中心にすえて生きる

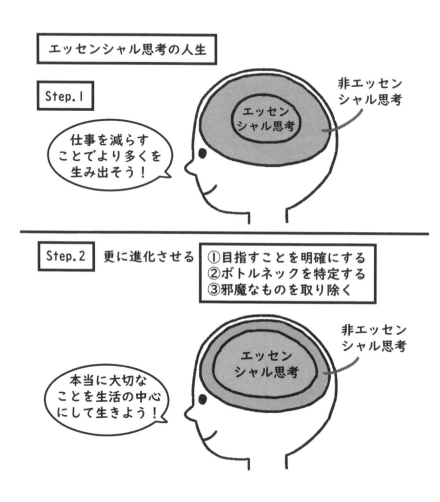

エッセンシャル思考の人生

Step.1

非エッセン
シャル思考

エッセン
シャル思考

仕事を減らす
ことでより多くを
生み出そう！

Step.2 更に進化させる

①目指すことを明確にする
②ボトルネックを特定する
③邪魔なものを取り除く

非エッセン
シャル思考

エッセン
シャル思考

本当に大切な
ことを生活の中心
にして生きよう！

大切な少数のことへの集中、エッセンシャル思考の生き方

**非エッセンシャル思考の人生は、重要でないことに振り回される毎日。重
要なことは時々思い出すくらいの人生である。エッセンシャル思考を活用
して、本当に大切なことを生活の中心に据えて生きてみよう。**

BOOK 19 『賢さをつくる』

- 谷川祐基著
- 2020年　CCCメディアハウス

日本教育政策研究所の代表取締役。 子供時代から独自の学習メソッドを構築して、 東京大学理科I類に合格。 独自のメソッドにより、 企業コンサルティングや学習塾のカリキュラム開発などを行う。

悩み 1

学校にいる時と社会に出てからでは、頭の良さの意味が違うのでは？
では、どんな風に違うと考えることが正しいの？

悩み 2

頭が良いとは、どんなことを意味するの？　頭が良い人とは、どんなことができる人？

悩み 3

問題解決力がある人は、どんな風に頭を使っているの？　そのためのコツはあるの？

そんなときは『賢さをつくる』の思考法を活用しよう!

あいまいだった「頭が良いということ」に明確な定義を与えており、頭の良い人になるために、どんな手順を踏めばよいか具体的な思考法として教えてくれる。

POINT
本書のポイント

\1/ 学校ではインプット力が重視され、社会ではアウトプット（成果）が重視される

\2/ 「具体化」と「抽象化」の3つのパターンが優れた人が、頭の良い人である

\3/ 「なぜ?」という意味の抽象化から問題を設定し、解決策を「具体化」する

P108 「頭のよさ」は突き詰めると、たった3種類しかない

P109 本書では、「思考」の定義を「具体化と抽象化の往復運動である」と決めた。（中略）頭のよい人とは、つまりは《左》と《右》の往復運動が得意な人なのだ

学校ではインプット力が重視され、社会ではアウトプット（成果）が重視される

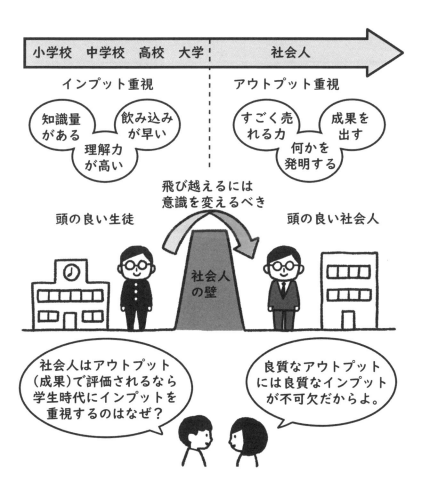

学校ではインプット力が、社会ではアウトプット力が評価される

学生時代は知識量が多かったり、飲み込みが早いインプット力が強い生徒が頭の良い生徒とされる。しかし、社会人はアウトプット（成果）で評価される。学生時代にインプットが重要視されるのは、良質なアウトプットには良質なインプットが不可欠だからである。

「具体化」と「抽象化」の３つのパターンが 優れた人が、頭の良い人である

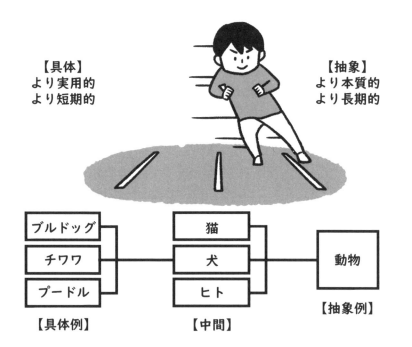

①具体と抽象の距離が長い

②具体化と抽象化のスピードが速い

③具体化と抽象化の回数が多い

【具体】
より実用的
より短期的

【抽象】
より本質的
より長期的

ブルドッグ
チワワ
プードル

猫
犬
ヒト

動物

【具体例】

【中間】

【抽象例】

頭の良さを示す３つの思考パターン

思考とは具体化と抽象化の往復運動である。頭の良さを構成する３つの要素とは、「具体と抽象の距離が長い」「具体化と抽象化のスピードが速い」「具体化と抽象化の回数が多い」である。

「なぜ？」という意味の抽象化から問題を設定し、解決策を「具体化」する

コーヒーショップの仕事

必要な場面で具体と抽象のあいだを移動する

【具体】 目の前の対応	【抽象】 より経営に近い 長期の成功への視点

美味しいコーヒーを淹れて提供しよう！

個別の事象

お店のビジョン

経営の方針

長期的な戦略

仕事ができる人は効果的に問題設定をして具体的な解決策を出す

接客の現場では「具体」の思考が必要となり、お店や会社全体を見てベストの決定を下すには「抽象」の思考が重要になる。仕事のできる人は成果を拡大するため、具体と抽象の最適なバランスの位置に問いを設定する。

BOOK 20 『東大思考』

- 西岡壱誠著
- 2020年　目 東洋経済新報社

偏差値35から東大を目指すも、現役・一浪と、2年連続で不合格。崖っぷちの状況で開発した「思考法」「読書術」「作文術」で偏差値70、東大模試で全国4位になり、東大合格を果たす。そのノウハウを全国の学生や学校の教師たちに伝える活動をする。

悩み 1

東大生のような頭の良い人になるには、どうすればいいのだろうか？

悩み 2

頭の良い人は生まれつき記憶力が良いイメージだけど、普通の人と何が違うの？

悩み 3

記憶した知識をどうしたらうまく使えるようになるの？

そんなときは『東大思考』の思考法を活用しよう!

同じ景色を見ていても、東大生のやっている思考回路で物事を考えれば、見えるものが違ってくる。日常から学ぶことができれば後天的に地頭力を身につけることができる。

POINT

本書のポイント

\1/ 東大思考とは、日常の解像度を上げることである

\2/ 東大生と普通の人との違いは物事の「見方」。「見方」を変えることで丸暗記する量を極限まで減らしている

\3/ 物事の「見方」が1つであるうちは、いいアイデアは出ない。様々な見方に立って、発想力を磨く必要がある

📖 **P018** 頭のいい人は、高解像度で世の中を見ています。身の回りのすべてのことから学ぶことのできる高性能のカメラを持っている

📖 **P141** 頭のいい人は、1つの考え方、1つの立場に縛られず物事を考えることができるのです

本書のポイント **1**

東大思考とは、
日常の解像度を上げることである

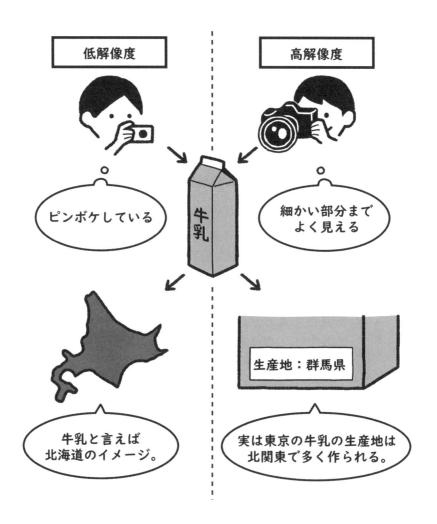

高性能のカメラを手に入れることで学べるものが違ってくる

日常的に目にするものから学ぶことができる人とできない人がいて、学ぶことができる人はどんどん新しい知識を吸収することができる。これが普通の人の思考と東大思考の違いである。

東大生と普通の人との違いは物事の「見方」。「見方」を変えることで丸暗記する量を極限まで減らしている

東大生	普通の人

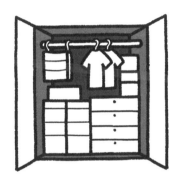

記憶を収納する「クローゼット」の
サイズは大体一緒

「結果」のもととなる「原因」を理解することで丸暗記は避けられる

「記憶力がいい」のは、クローゼットが大きいのではなく「棚への収納の仕方」がうまいということ。「unite」「ユニーク」「ユニフォーム」と別々に暗記するのではなく、「uni＝1つ」という意味から関連づけてまとめて覚えれば、丸暗記の量を減らすことができる。

BOOK
20

東大思考

物事の「見方」が1つであるうちは、いいアイデアは出ない。様々な見方に立って、発想力を磨く必要がある

一に対する物事の「見方」を十持とう

立場を変えたり、他の情報と組み合わせたりすることで、違う情報が見えてくる。目のつけどころが変われば、発想力を磨くことができる。そのため、目の前のことを「あえて否定」してみることも大切。

5

仕事の成果が高まる思考法

私たちの人生の大きな部分を占める仕事。
仕事の成果を高めてくれる思考法は、
人生を変える強力な武器なのです。

BOOK 21 『FULL POWER』

👤 ベンジャミン・ハーディ著
✏️ 2020年 📖 サンマーク出版

組織心理学者、起業家。クレムリン大学大学院博士課程修了。著名ブロガーとして大きな影響力を持つ。雑誌『フォーブス』『フォーチュン』などで記事を取り上げられること多数。

悩み 1

大切なことをやり遂げたり、悪い習慣を止めることにいつも失敗する。自分の意志力が足りないことが理由だろうか？

悩み 2

環境の整備が、意志の力より大切なのはわかった。では、最善の環境整備とはどんなもの？

悩み 3

一つの成功がやがて頭打ちになるのはなぜ？ どうすれば「過去の成功」の壁を突破できるの？

そんなときは『FULL POWER』の思考法を活用しよう!

「意志力など役に立たない」と指摘する本書は、環境が人に与える影響力（効果）を最大限活用する提言に溢れている。意志力でできなかったことを、環境の力で達成しよう。

POINT
本書のポイント

\1/ 人はおかれた環境に大きな影響を受ける。目標達成のため、環境を設計しよう

\2/ 「仕事のための最高の環境」と「休息のための最高の環境」を併存させること

\3/ 過去に成功した環境も古くなり、足かせになる。新たな成長環境に飛び込むべき

📖 **表紙**
精神論を完全否定してたどり着いた
人生の成功要因とは？

📖 **P060**
ほとんどの人は、自分が達成したい目標とは相反するような環境に自分の行動を託してしまっているのだ。新年の誓いや目標設定がほとんどうまくいかないのはそのためだ

人はおかれた環境に大きな影響を受ける。 目標達成のため、環境を設計しよう

意志力よりも環境の設計が人生を変える

人生は意志力だけではどうにもできない。ダイエット中は甘いものは食べないと心に決めていても、目の前に甘いものがあるとつい食べてしまう。環境を自分の手で形作ることで、自分の考えや行動も間接的に変えていける。

「仕事のための最高の環境」と「休息のための最高の環境」を併存させること

回復や休憩に集中できる強回復の環境	仕事に集中する強ストレスの環境

この2つの環境をうまく並存させると最強になれる

人の成長は強力なストレスとリカバリーの連続でできる

ベンジャミン・ハーディ

回復する環境自宅のあるラスベガス	集中して仕事をするデンバー

・集中的なくつろぎ
・回復
・息抜き
・たっぷりの睡眠

・成果へのプレッシャー
・仕事のできる他の人
・締め切り・期待
・大量の仕事

コートニー・レイノルズ
（起業家）

最高のパフォーマンスのための2つの環境を持った

最高のパフォーマンスを引き出す「強ストレス」と「強回復」

仕事に集中する「強ストレス」の環境と回復や休息に集中できる「強回復」の環境、この2つの環境をうまく併存させると最強になれる。人の成長は強力なストレスとリカバリーの連続で成し遂げられるからだ。

過去に成功した環境も古くなり、足かせになる。
新たな成長環境に飛び込むべき

過去の成功を生んだ古い環境にしがみつくな

成功に満足すると、人の成長はそこで止まってしまう。

また、成長を続けたいなら、一人のメンターに長く師事しすぎてはいけない。レベルの高いメンターを見つけて師事することも大切である。

BOOK 22

『実践論』

- 毛沢東著
- 2005年 自 河出書房新社

中国共産党の創立党員の一人。 抗日戦争で指導的地位を確立する。 1943年に同党の主席となる。 国共内戦で勝利して、 1949年に現在の中華人民共和国を建国樹立。

\悩み/

1

理論と実践はどのような関係なの？理論や思考の正しさは、何で測られるの？

\悩み/

2

アタマでっかちで、理屈ばかり詰め込んでしまう。どうすればいいの？

\悩み/

3

優れた理論は、どんな特徴を持っているべきなの？

そんなときは『実践論』の思考法を活用しよう!

現代人が陥りがちな、「理屈ばかり」「実践や行動が伴わないこと」を正確に批評している。優れた理論を実践と経験によって立証していくことで、自分が期待する成果と理論の本質理解を得ることができる。

POINT
本書のポイント

\1/ 理論は実践で立証されるべきもの。理論の正しさは、実践の結果で測られる

\2/ 実践に関する3つの要素を否定する「こっけいな物知り屋」になってはいけない

\3/ 優れた理論は、行動を指導できるべき。実行されない理論に意義はない

P050 理論の基礎は実践であり、理論はまた転じて実践に奉仕するものである

P053 知識をえたいならば、現実を変革する実践に参加しなければならない。ナシの味を知りたければ、自分でそれを食べてみること、すなわちナシを変革しなければならない

理論は実践で立証されるべきもの。
理論の正しさは、実践の結果で測られる

正しい理論

> やった！
> 理論に沿った
> 結果が出た！

間違った理論

> うわっ！
> 全然結果が
> 出ないや！

毛沢東

> 実践で結果が出ると、
> 理論の理解が深まり、
> さらに実践へ進める

> 期待した結果の
> 出ない理論は
> 無意味

理論は「実践による結果」でその正否を判断せよ

理論は単体では正しいか否かが分からない。理論は実践による結果で、その正否をきちんと判断されるべき存在である。成果のまったく出ない理論は、真っ赤な嘘そのものである。

実践に関する３つの要素を否定する
「こっけいな物知り屋」になってはいけない

理論だけの物知り屋

① 感覚の否定	② 直接的経験 の否定	③ 変革への実践 へ参加を否定

実践的な闘争をする人

理論だけの「物知り屋」は、３つの要素を否定する

冷笑すべきは、理論だけで実践を無視するこっけいな物知り屋である。物知り屋は、①「感覚の否定」②「直接的経験の否定」③「変革への実践へ参加を否定」の３つの否定を好む。

優れた理論は、行動を指導できるべき。
実行されない理論に意義はない

BOOK
22

実践論

優れた理論には、実践や行動を主導できる道筋がある

理論は実践され、検証されなければその正否はわからない。その意味で、優れた理論には行動を指導する道筋が必要である。実践を重ねて成果が出るほど、理論をより深く理解できる。

BOOK 23

『楽しくなければ成果は出ない』

- 田中マイミ著
- 2020年　すばる舎

ドン・キホーテ1号店でアルバイトから1995年に正社員になる。同社の特徴的な販促ディスプレイを考案・展開し、テーマ曲も作成。実質同社のNo.3として20年間に延べ1万人の育成を行った。

悩み **1**

仕事で結果を出す人は、どんな資質を持っているの？

悩み **2**

楽しいことが見つからない。どうすれば自分にとって楽しいことを見つけられるの？

悩み **3**

どうしてもネガティブ思考になりがち。どうすればネガティブ思考から脱却できるの？

そんなときは『楽しくなければ成果は出ない』の思考法を活用しよう!

仕事において成果を出す人＝成長を続けられる人と定義する本書。成果を上げるマインドとして「仕事を楽しめる人」になるためのヒントを教えてくれる。

POINT 本書のポイント

\1/ 成果を出す人とは、その仕事で成長を続けられる人

\2/ 自分を知ること、自分を大切にすること、自分の心地よさを優先してみる

\3/ 自分以外の人に、フォーカスを当ててみよう。他人に関心を持とう

📖 P004 1万人を見てわかった「成果を出す人・伸びる人」の秘密

📖 P021 なぜ、なんでも面白がれる人が強いのか。それは面白い仕事なんてほとんどないからです。（中略）つまり、面白い仕事・面白くない仕事があるのではなく、仕事を面白がれる人・面白がれない人がいるだけ

成果を出す人とは、
その仕事で成長を続けられる人

成長を続けられる人こそが成果を出せる

成長の階段を自分で昇っていける人こそが成果を出せる。こうした人は、仕事を面白く楽しくするメンタルや仕事を通じて自己発見する好奇心を持ち合わせている。成長し続けるためには、仲間の存在も必要不可欠である。

自分を知ること、自分を大切にすること、自分の心地よさを優先してみる

あれもこれも
しなければ！重要
なことばかり！

がんじがらめで
自分の気持ちが
分からなくなる

他人の目や
他人の評価

周囲と足並
みを揃える

自分を大切にする
ことから楽しさが
見つかる

自分の心地よさ
という眼鏡

人生を宝探しの時間にする。
でも何を宝とするか、その
基準はあなたの中にしかない。

自分の心地よさ、という基準を取り入れる

自分の機嫌は他の誰かが取ってくれるものではなく、自分で取ることが重要。自分を大切にすることから楽しさが見つかる。人生を宝探しの時間にする。でも何を宝とするか、その基準は自分の中にしかない。

BOOK
23

楽しくなければ
成果は出ない

自分以外の人に、フォーカスを当ててみよう。
他人に関心を持とう

自分が苦しい！
だから他人のことを
考えられない！

①自分を知る。自分
を大切にする。

②周囲の人に視点
を切り替える。

マインドセットを変える3つの視点		
① 仕事そのものを楽しめているか？	② 仕事を楽しむための工夫をしているか？	③ 周りの人やお客様を驚かせよう、楽しませようと考えているか？

周囲の人に視点を切り替えて自分を客観的に見る

**自分が苦しい時は、周囲を見渡す余裕がない。しかし、強引にでも周囲の
人に自分の視点を移すと、自分のことも客観的に見ることができる。**

いつまでたっても動けない、から動いて夢をどんどん叶える人になる

『0秒で動け』

👤 伊藤羊一著
✏ 2019年　🏛 SBクリエイティブ

武蔵野大学アントレプレナーシップ学部学部長。 アントレプレナーシップを抱き、 世界をより良いものにするために活動する次世代リーダーを育成するスペシャリスト。 また、 LINEヤフーアカデミア学長として次世代リーダー開発を行う。

『わかってはいるけど動けない』人のための
0秒で
動け
伊藤羊一

〳悩み〵
1

いろいろ考えることが多く、悩み続けて動けない。データや資料を眺めて、悶々としてしまう。

〳悩み〵
2

失敗したらどうしようと悩み続けて動けない。周囲に批判されないかと心配で動けない。

〳悩み〵
3

自分の意見はあっても周囲を説得できないので、結局何も動かせないまま終わってしまう。

そんなときは『0秒で動け』の思考法を活用しよう!

必要な時に、周囲をリードして動けるようになる。考えすぎて、足が止まっていた自分が、動くことで次々と成果を出せるようになる。

POINT
本書のポイント

\1/ まず仮説を立てて、アクションプラン（結論）を作り上げる

....

\2/ さっと動けるように、周囲の期待値を下げておく

....

\3/ 反対者を動かすには、違いではなく「共通項」を探す

P002　先に言っておきたいのは、「わかってから動く」ことはできない、ということです。「確実に成功する」とわかっていてもいなくても、自信なんて100%なくても、動かなければいけない、という場面ばかりです

P020　動くためには、やる気や勇気も必要ですが、「スキル」も必要です

まず仮説を立てて、
アクションプラン（結論）を作り上げる

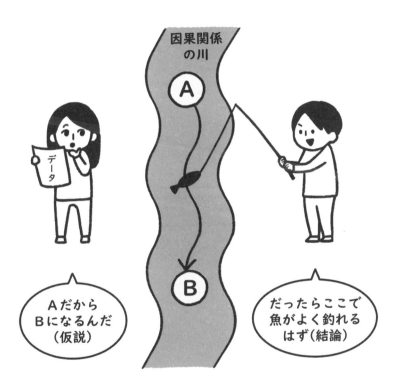

データからすぐ仮説を考えよ

たくさんのデータはあるけど、何をすればいいのか悩む場合は、まず仮説
を作る。AだからBになる、のような因果関係をデータから推測すること。
次に、その因果関係から、利益を得るための行動計画を作り、結果を出す。

BOOK
24
0秒で動け

さっと動けるように、
周囲の期待値を下げておく

動く前に、周囲の期待値を下げておく

周囲の期待値をコントロールしないと、期待値が高すぎて、やる前から難しく感じてしまい、動けなくなってしまう。だから、周囲の期待値をうまくコントロールし、期待値を下げる。

反対者を動かすには、違いではなく「共通項」を探す

細かな点だけを論点にすると
意見のズレで敵対してしまう

相手と共通する部分まで
遡ると味方に戻れる

反対者との違いではなく、共通項を探す

細かな点だけを論点にすると意見のズレで敵対してしまうこともある。そうなってしまったら、意見の違った相手と共通する部分まで遡ることで味方に戻ることができる。

BOOK 25 『人類とイノベーション』

- マット・リドレー著
- 2021年　NewsPicksパブリッシング

1958年英国生まれ。 世界的な知名度を誇る科学・経済啓蒙家。「合理的楽観主義」 を提唱し、 世界中のビジネスリーダーに広く影響を与える研究・ベストセラー著作がある。

マット・リドレー
MATT RIDLEY　大田直子 訳
人類と
HOW INNOVATION WORKS
イノベーション
AND WHY IT FLOURISHES IN FREEDOM
世界は「自由」と「失敗」で進化する

悩み 1

イノベーションはどんな風に起こるの？　どんな行動が、イノベーションを成功させるの？

悩み 2

発明や発見とイノベーションはどう違うの？　どんな心構えが、イノベーションには必要なの？

悩み 3

イノベーションにおいて、最も大切なことは何？　どんなイノベーションが、最大の利益を得るの？

そんなときは『人類とイノベーション』の思考法を活用しよう!

エネルギー、公衆衛生、輸送、食料、コンピューターなど、人類の歴史に重要な変化を与えたイノベーションの歴史を元に、社会が変化する仕組みを私たちに教えてくれる。

POINT
本書のポイント

\1/ 孤立や秘密主義をさけて、複数の専門家や異なる情報に触れながら進む

....

\2/ イノベーションとは、技術や製品を「より多くの人が」利用可能にすること

....

\3/ 最大の変化はいつも、コストを抑えて製品を簡素化できた人たちが起こす

📖 イノベーションはゆるやかな連続プロセスだ
P280

📖 最も影響力の大きい新技術はたいてい地味で安い。たんに手ごろな価格であることのほうが、有機ロボットの魅惑的な複雑さより重要であることが多い
P286

孤立や秘密主義をさけて、複数の専門家や異なる情報に触れながら進む

成功

| シャヌートなど飛行機研究者と交流（合計177通の手紙） | 風洞実験を何千回も行って測定した | 1903年12月17日ライトフライヤー号の飛行成功 |

失敗

自分が一番飛行機を知っている

自分だけで全部できるはず

ラングレー教授

1903年12月
実験機エアロドローム

わずか10mも飛べず墜落

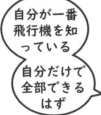  

孤立、秘密主義をさけて先行研究や他の専門家から学ぶ

ラングレー教授の間違いは、沢山のお金を使い、政府には頼ったが、自分が一番飛行機を知っていると慢心して、他の人にはほとんど相談せず、本格的な装置を0から作ったからである。

イノベーションとは、技術や製品を「より多くの人が」利用可能にすること

世界が必要としているものを徹底的に調べる。それから、そのニーズを満たす発明に取り組む。

1000時間以上点灯できることが正にイノベーションだ！

イノベーションは逆ではダメだよ！

長時間の点灯で実用化に

発明家でもイノベーターになれなかった
電球の技術を一部でも発明した他の人々

BOOK
25

人類とイノベーション

エジソンは最初から「発明家」だったわけではなく「イノベーター」だった

発明とイノベーションは全く違うもの。イノベーションは製品や技術を多くの人に利用できるようにすること。だからこそ、イノベーションの結果として、社会が大きく変わる。

最大の変化はいつも、コストを抑えて製品を簡素化できた人たちが起こす

自動車のイノベーションに参加した人々

最大の変化とは、コスト低下と簡素化の実現である

なぜ、シンプル化と低価格化が大切なのか。利用できる人や購入できる人が爆発的に増えるからである。フォードは、「シンプルで安い車こそ最高」と考え、自動車を高価な発明からみんなのイノベーションに変えた。

6

強い組織を
実現できる
思考法

ビジネスの世界ではタフさも必要。
所属する人の情熱を引き出し、一丸となって
目標を達成できる思考法を学びます。

BOOK 26

『君主論──新版』

- ニコロ・マキアヴェリ著
- 2018年 中央公論新社／中公文庫

ニコロ・マキアヴェリは1469年生まれの政治思想家。 イタリア・フィレンツェ共和国で第二書記局長に抜擢され、 外交官として活躍した。

悩み **1**

考えも性格もバラバラの人たちをまとめるにはどうすればいいのか？

悩み **2**

どうすればみんなを一つの目標に対して集中・団結させられる？

悩み **3**

リーダーの地位を安定的に維持するにはどうしたらいいの？

そんなときは『君主論──新版』の思考法を活用しよう!

集団を守るため、従わざるを得ない目標を掲げて人を支配する。自分の手法や発想に固執せず、変幻自在であることが重要である。

本書のポイント

POINT

\1/ 正しい目標設定が指導力を生み出す

\2/ 状況こそが常に「最善手」を決める。状況に応じて変化できるのが賢明な人間

\3/ 突出した大胆さで登り詰め、努力で維持をする

P080 要するに、加害行為は、一気にやってしまわなくてはいけない。（中略）これに引きかえ、恩恵は、よりよく人に味わってもらうように、小出しにやらなくてはいけない

P204 もし、慎重に忍耐づよく国を治める君主の、その政治が、時代や状況のめぐり合わせとうまく合っていれば、繁栄へと向かう。だが時代も状況も変化してしまえば、衰微する

BOOK
26
君主論──新版

正しい目標設定が
指導力を生み出す

正しい目標を掲げ、指導力の基礎にする

目標さえ間違っていなければ、部下が道を外れることはない。部下に正しい行動をしてほしければ、まずはあなたが目標を掲げるべきである。目標を掲げずに相手を責めてはいけない。

状況こそが常に「最善手」を決める。
状況に応じて変化できるのが賢明な人間

北風が吹く日

太陽が照りつける日

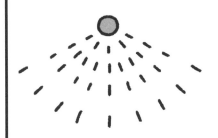

コートを着て
暖かくすることが正解

コートを脱いで
涼しくすることが正解

状況に応じて変化できるのが賢明な人間

成功と失敗は、時代や状況と合致しているか否かできまる。手法や発想を固定化せず、状況や時代を読んで対処することが重要である。状況が変わったら、勇気をもって過去の生き方を変える者が勝者になる。

本書のポイント

突出した大胆さで登り詰め、
努力で維持をする

最初に残酷さを発揮する

残酷な行為を続ける

残酷さは一瞬で実行し、恩義は小出しに長く続ける

最初に残酷さを発揮せず、のちに必要に応じて小出しに残酷な行為を続けるのでは、日々恨みをいだく人が増え続け君主は身を守る短剣が手放せない。大胆な勇気を一瞬で発揮し、その後はそれを支える、地道な努力を続けるべき。

BOOK 27 「現場論 」

- 遠藤功著
- 2014年　東洋経済新報社

株式会社ローランド・ベルガー日本法人元会長。早稲田大学ビジネススクールで2016年まで教授を務める。2020年から独立コンサルタントとして活躍。複数の著名企業の社外取締役を務める。

遠藤 功
現場論
「非凡な現場」をつくる論理と実践

悩み 1

企業における「現場力」とは、どんな要素のことを言うの？

悩み 2

「非凡な現場」と「平凡な現場」の違いはどんな点にあるの？

悩み 3

「非凡な現場」を生み出すために、何を目指せばいいの？

そんなときは『現場論』の思考法を活用しよう！

日本企業の現場研究の第一人者である遠藤氏は、現場を新しい知識を創造する場と捉えている。企業の競争優位を生み出す起点である、現場を改善する道筋がわかる。

本書のポイント
POINT

1 現場力とは「保つ能力」「よりよくする能力」「新しいものを生み出す能力」である

2 平凡な現場は「保つ能力」だけを持ち、非凡な現場は三要素すべてを実現している

3 創造的なカイゼンや新たな価値を生み出すため、思考を刺激するフックを設定する

P063 （前略）「現場は『天使』にもなりえるし、『悪魔』にもなりえる」ということだ

P344 日本企業は「価値創造主体」である現場をリスペクトし、現場を起点に経営を組み立てることをとても大切にしてきた

現場力とは「保つ能力」「よりよくする能力」「新しいものを生み出す能力」である

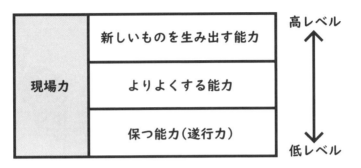

	新しいものを生み出す能力	↑ 高レベル
現場力	よりよくする能力	
	保つ能力（遂行力）	↓ 低レベル

現場のレベルでいくつの能力を持つかは分かれる。

現場は以下の3つの役割の主役でもある。

業務遂行　価値創造　人材育成

現場力は3つの異なる能力による「重層構造」になっている

「保つ能力」は基盤能力にすぎず、そのうえに「よりよくする能力」「新しいものを生み出す能力」を積み重ねることによって、より高次の現場力を実現できる。「保つ」ためには規律は不可欠だが、「よりよくする」「新しいものを生み出す」ためには自由を与えることが不可欠になる。

平凡な現場は「保つ能力」だけを持ち、非凡な現場は三要素すべてを実現している

非凡な現場は新しいものを生み出す能力が長けている

「平凡な現場」は現状維持で精一杯である。それに対し、「非凡な現場」は継続的な改善による進化を続け、さらには革新さえ生み出すことができ、競争力強化につながっている。

創造的なカイゼンや新たな価値を生み出すため、思考を刺激するフックを設定する

平凡な現場

新しいものを生み出せ！がんばれ！
社長

どうしたらいいの？
やり方が分からないよ。
社員たち

新しいものは、ただ考えろと言ってもダメ！

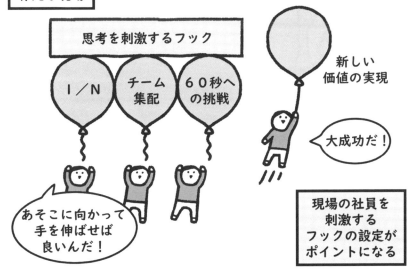

非凡な現場

思考を刺激するフック

I／N
チーム集配
60秒への挑戦

新しい価値の実現

大成功だ！

あそこに向かって手を伸ばせば良いんだ！

現場の社員を刺激するフックの設定がポイントになる

社員全員の思考を刺激するフックを設定せよ

日本最大の自動車部品メーカーであり、トヨタグループの中核企業であるデンソーの現場力には抜きん出た強さがあり「非凡な現場」の代表例である。非凡な現場には効果的な思考のフックがある。

BOOK 28

『衰退の法則』

- 👤 小城武彦著
- ✏️ 2017年　📖 東洋経済新報社

2004年株式会社産業再生機構入社、カネボウ株式会社代表執行役社長、株式会社日本人材機構代表取締役社長などを経て、2020年九州大学ビジネス・スクール教授に着任。多数の著名企業の、社外取締役などを歴任。

悩み
1

破綻してしまう日本企業にはどのような共通項があるの？

悩み
2

なぜ多くの日本企業は衰退に気づかないの？　内部から止めることはできないの？

悩み
3

どうしたら破綻を食い止めることができるの？

そんなときは『衰退の法則』の思考法を活用しよう!

破綻する日本企業には類似点が多い。この日本企業を蝕むサイレントキラーの正体をつかみ、そのメカニズムを是正すれば崩壊を食い止めることができる。

本書のポイント

\1/ 事業環境の変化への感度が下がり、外ではなく内向きの思考と予定調和に陥る

\2/ 「衰退の法則」は、静かに進行するサイレントキラーなので気づきにくい

\3/ 予定調和を破壊して、事実を起点とした議論を行い、お気に入り人事をしない規律が必要

📖 P002 破綻した企業の組織には、ある共通のメカニズムが駆動していた

📖 P202 優良企業と破綻企業は、一見すると似ているように見えるものの、決定的に異なる要素がいくつか存在し、それらが「くさび」となって衰退惹起サイクルの駆動が阻止されているのである

BOOK
28
衰退の法則

事業環境の変化への感度が下がり、外ではなく内向きの思考と予定調和に陥る

① 外部環境の変化

② 競合する企業による挑戦

外はすごい危険が迫っているのに！

今日も穏やかな1日だな！

形式主義と予定調和的発想

昨日と同じ今日を送る仕事ぶり

衰退していく非オーナー系企業

オーナー系企業ではオーナーの能力の一本足打法が多い。

非オーナー系企業では安定的な環境を前提にして社内政治がはびこっていく。

外部環境が安定していると、勘違いして社内政治がはびこる

社内政治力が強く人間関係志向に偏重したリーダーシップを有する経営陣が予定調和的で影響力が強い議論を行うとともに、社内調整力が重視され、恣意性が高い幹部登用が行われている状況下では、社員の関心は自ずと社外ではなく社内に向かわざるをえない。

「衰退の法則」は、静かに進行する サイレントキラーなので気づきにくい

非オーナー系企業

社内政治を するほど仕事が スムーズ

安定している限り 予定調和的な議論 の方が早い

衰退企業の病理は、環境が安定している 限り発病しないサイレントキラー的

オーナー系企業

俺について こい！

俺は間違わ ないぜ！

やっぱり社長は すごい！

でも社長が 間違っていても誰も 止められないよ！

カリスマ的オーナー社長は正しい判断ができる 限りは強いが、誰も間違いを指摘できなくなる

安定した環境に甘えてしまうことで「衰退の法則」は進行してしまう

事業が安定している状況下では、たとえ関心が社内に向かっていたとしても大きな問題は起きない。逆に、予定調和的な意思決定や社内政治力の強い経営陣などの特徴は、デメリットよりもメリットの方が大きい可能性すらある。

BOOK
28

衰退の法則

予定調和を破壊して、事実を起点とした議論を行い、お気に入り人事をしない規律が必要

非オーナー系企業

① 事実ベースの議論をする

それは違うのでは？

問題はある。先送りしないで解決するぞ。

予定調和ではなく、問題解決のための激しい議論

② 昇格する人材の見極め

新しいビジョン

会社に必要な能力

イエスマン

昇格する人

NO!

お気に入り人事は絶対にしない

オーナー系企業

社外の目を活用しながら
社内で優秀な人材を育てる

社外の目を活用して客観性を得よう。

・社外取締役
・外部の専門家
・外者

オーナー社長

腹心の部下

腹心の部下

優良企業は衰退の法則の発動を防いでいる

外部の人間であるため、必ずしも経営陣からは歓迎されないだろうが、「お友達」を選ぶのではなく、あえて「外者」を選ぶことが重要な手段である。

BOOK 29

『最高の結果を出す KPIマネジメント』

- 👤 中尾隆一郎著
- ✏️ 2018年　📖 フォレスト出版

29年間勤めたリクルート社で11年間にわたり社内勉強会で「KPI」「数字の読み方」の講師を担当。リクルート在籍中は多数の重要ポジションを歴任。現在は株式会社FIXER執行役員副社長。

悩み **1**

仕事のマネジメントでよく聞くKPIとは何？　どんな効果があり、どうして大切なの？

悩み **2**

KPIとよく比較されるKGI、CSFとは何のこと？　どうやって効果的なKPIを設定すればいいの？

悩み **3**

KPIの運用はどうすればいいの？効果的なKPI運用には、どんなコツがあるの？

そんなときは『最高の結果を出すKPIマネジメント』の思考法を活用しよう!

成果を上げるためのプロセスを考える力がつき、仕事の構造を理解できるようになる。成果を上げるための大切なポイントが分かれば、効果的にチームで成果を改善できる。

POINT 本書のポイント

\1/ KPI=Key Performance Indicator は、事業成功の鍵を数値目標で表したもの

....

\2/ 成果を生み出すための前段階、「〇〇をする」ことで成果を上げられる指標にする

....

\3/ ビジネスの構造を理解したうえで、KPI はわかりやすく実践できる指標にすること

📖 P020 KPIとは、「事業成功」の「鍵」を「数値目標」で表したもの

📖 P076 KPIマネジメントは、理想的には、全従業員のものであることが望ましいわけです。全従業員がKPIに興味を持って、それが悪化した場合に、各現場で打ち手を打ち始めている

KPI=Key Performance Indicator は、事業成功の鍵を数値目標で表したもの

ＫＰＩ＝Key Performance Indicator
事業成功の鍵を数値目標で表したもの

ＫＰＩを定めることが
どうして大切なの？

効果的なＫＰＩは
チームの力を成果に集中
させることができる。

成果

KPI

ビジネスの構造を知って
効果的に成功できる。

ＫＰＩは成果を上げる
引き金のようなもの。
その設定力は重要だ。

KPI とは事業成功の鍵を数値目標で表したもの

KPI を定めることによって、ビジネスの構造を知って効果的に成功できる
ようになる。効果的な KPI はチームの力を成果に集中させることができる。

BOOK
29

最高の結果を出す
ＫＰＩマネジメント

成果を生み出すための前段階、「〇〇をする」ことで成果を上げられる指標にする

ＫＰＩは目標売上など（ＫＧＩ）ではなくあくまでそのためのトリガーである。

一番多い間違いはＫＰＩを達成すべき状態と考えること。

ＫＧＩ＝Key Goal Indicator(最終的な目標)
ＣＳＦ＝Critical Success Factor(最重要プロセス)
ＫＰＩ＝Key Performance Indicator(最重要プロセスの目標数値)

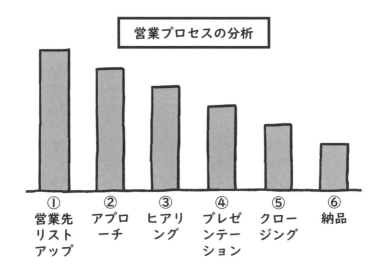

営業プロセスの分析

① 営業先リストアップ
② アプローチ
③ ヒアリング
④ プレゼンテーション
⑤ クロージング
⑥ 納品

KPIは目標ではなく、成果を引き上げる引き金となる行動として設定する

KPIは目標売上（KGI）などでなく、あくまで成果を引き上げるためのトリガー。一番多い間違いは、KPIを達成すべき状態と考えることだ。

ビジネスの構造を理解したうえで、 KPI はわかりやすく実践できる指標にすること

KPIの設定には まずビジネスの モデル化が不可欠。

どうすれば売上を 向上させることが できるか？

モデル化（例）

売上 ＝ アプローチ量 × 歩留まり × 価格

①アプローチ量を増やす
②歩留まり（CVR）を向上させる
③価格を上昇させる

KPI はわかりやすく実践できるものにして常に振り返りチェックする

KPI を考えるには、ビジネスの構造をよく理解する必要がある。
KPI の運用のコツは、自分たちの行動でコントロールできる指標にして、
あとは定期的に成果をチェックし振り返ること。

PART

7

失敗を
うまく避ける
思考法

挑戦すれば、必ず失敗もあります。
しかしできれば失敗は避けたい。失敗を
うまく扱う思考法をご紹介します。

BOOK 30 『失敗の本質』

👤 戸部良一他著
📅 1984年　📖 ダイヤモンド社

防衛大学校に関係した方々を中心に6名の共著として完成した一冊。戸部、寺本、鎌田、杉之尾、村井、野中の6名の共著者は、軍事史、企業組織論、企業戦略や軍事戦略、国際政治など、多分野の研究者。

悩み **1**

同じ失敗を繰り返してしまう。新しい状況に日本的な組織が対応下手なのはなぜ？

悩み **2**

新しい方法や新しいやり方を見つけるのが苦手。挑戦から逃げないようになるのに大切なことは？

悩み **3**

日本人と日本の組織は人間関係に縛られがち。正しいことより成果より、人間関係が優先されるのはなぜ？

そんなときは『失敗の本質』の思考法を活用しよう！

太平洋戦争での日本軍の敗北から、日本的組織や日本人の弱点を論理化した一冊。この書籍には、日本人がやりがちな失敗とその根本原因が書かれている。

POINT
本書のポイント

\1/ 古い環境や条件に、過剰に適応しすぎてしまった

\2/ 失敗を認めて、健全な自己否定をする機会を得ること

\3/ 過去のやり方や考え方にしがみつかないため、効果的な刺激を受けて学ぶ

📖 **P246** 逆説的ではあるが、「日本軍は環境に適応しすぎて失敗した」

📖 **P247** 日本軍の戦略は、陸海軍ともきわめて強力かつ一貫した「ものの見方」に支配されていた。このような戦略の「ものの見方」や方法の原型ともなるようなものを、パラダイムと呼ぶことができる

古い環境や条件に、過剰に適応しすぎてしまった

過剰に適応すると新しい変化に弱くなる

日本軍は古い環境に適応しすぎて失敗してしまった。あまりにその環境に適応してしまうと、新しい変化に弱くなる。

失敗を認めて、健全な自己否定をする機会を得ること

古い知識ばかり強化しても新たな学習はできない

自分の失敗を認めないと新しい学習が始まらない

上の人間が、自分たちが失敗していることを認めないと下は無駄なことばかりさせられる。第2次世界大戦もそうだった。上が失敗を認めず、新しい戦い方を学ばなかったせいで、戦地の日本兵は死んでしまった。

過去のやり方や考え方にしがみつかないため、効果的な刺激を受けて学ぶ

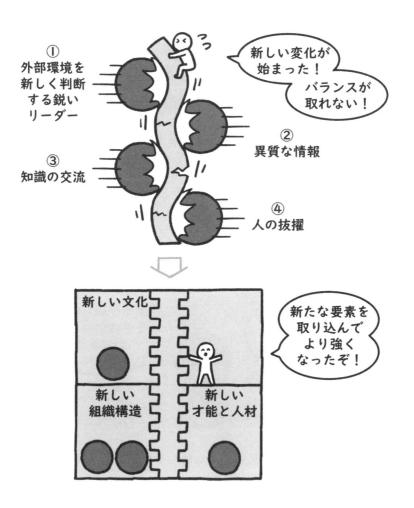

効果的な刺激を自ら取り込んで変革する

古い組織は、「外部環境を新しく判断する鋭いリーダー」や「異質な情報」「知識の交流」「人の抜擢」など新しい刺激を受けるとバランスが取れない。新しい要素を取り込むことでより強い組織になる。

BOOK 31

『「超」入門 空気の研究』

- 鈴木博毅著
- 2018年　目 ダイヤモンド社

ビジネス戦略コンサルタント。貿易商社などに勤めたのち、独立。戦略論と企業史の分析を専門とする。16万部を超えた『「超」入門 失敗の本質』など、ビジネス書を多数執筆。

「超」入門
空気の
研究
日本人の思考と行動を支配する
27の見えない圧力
鈴木博毅
ダイヤモンド社

悩み
1

よく言われる「空気」とは、一体どんなもの？　「空気」に関連する同調圧力は、どうして生まれるの？

悩み
2

「空気」の危険性は、どんなときに生まれるの？　どうすれば「空気のリスク」を避けることができるの？

悩み
3

「悪い空気」を打破するために、どんなことに注意すればいいの？

そんなときは『「超」入門 空気の研究』の思考法を活用しよう!

集団になると、なぜか流されてしまう「空気」と「同調圧力」の正体がわかる。正しい判断のためには、「空気」の悪影響を理解して、それを排除することが大切だと教えてくれる。

POINT
本書のポイント

\1/ 空気＝ある種の前提であり、この前提（空気）の押しつけが同調圧力である

\2/ 失敗から方向転換すべきところ、空気（前提）の絶対化で悲劇から逃げられなくなる

\3/ 空気は「4つの起点」を使って打破できる

📖 「空気」が日本を再び破滅させる

P005

📖 空気は「ある種の前提」と定義できる。空気に支配された集団は、科学的・合理的思考さえ捻じ曲げて、前提に適合している結論しか受け入れないことで、現実と乖離して狂い始める

P036

空気＝ある種の前提であり、この前提（空気）の押しつけが同調圧力である

ある種の前提（空気）は人が意図的に作る場合が多い

空気＝ある種の前提

同調圧力＝その前提に従わない者への嫌がらせ、攻撃、弾圧など

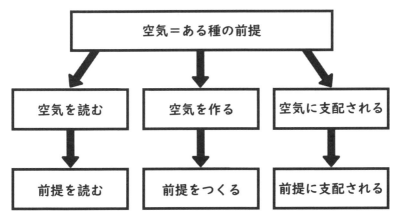

空気＝ある種の前提

- 空気を読む → 前提を読む
- 空気を作る → 前提をつくる
- 空気に支配される → 前提に支配される

空気とは「ある種の前提」である

「空気（＝ある種の前提）」は、人が意図的に作る場合が多い。誰かに都合の良い前提が作られ集団の支配に使われる。前提に従わない者への嫌がらせや攻撃、弾圧などを同調圧力と言う。

失敗から方向転換すべきところ、空気（前提）の絶対化で悲劇から逃げられなくなる

間違った空気（前提）に縛られると悲劇から逃れられない

誰かの作った前提に支配されてはいけない。なぜなら間違った前提にしがみつき選択した結果、悲劇から逃れることができないからである。常に自分のアタマで考えることを放棄してはいけない。

空気は「4つの起点」を
使って打破できる

空気の固定化は
破滅への道である。

分析的な追求には
「前提の破棄」が必要
（空気を打破すること）

前提

空気打破の4つの起点

① 疑問を持つ
（例1）本当に現状はAか？
（例2）他の選択肢
もあるのでは？

② 閉鎖されたグループから
外に出る。集団の前提に
縛られないように
なること。

空気

③ 過去の延長線
上で考えない。
（例）まったく
新しいものを作るなら
どうするか？と考える。

④ あなたの一番
譲れないことを
思い出す。あなたの
一番大切なものを起点
にして誰かの押し付ける
空気（前提）を跳ねのける。

空気を打破することは知性を回復すること

『「空気」の研究』の著者山本七平氏は、「空気の固定化は破滅への道である。現実が誤りを何度も指摘しても、対応を修正しなければ失敗を続けるだけ」と言う。だからこそ、空気の打破が必要。

BOOK
31

「超」入門
空気の研究

BOOK 32 『生き残った人の7つの習慣』

👤 小西浩文著
✏ 2018年　📖 山と溪谷社

無酸素登山家。1962年生まれ。20歳でチベットの8000メートル峰シシャパンマに無酸素登頂。1997年には日本人最多となる「8000メートル峰6座無酸素登頂」を記録。

悩み 1

危機とはどうして起こるのか？　危機を避けるには、どんな基本的な対策があるの？

危機は初心者ばかりが起こすのか？もしくは、ベテランが起こしてしまうのか？

悩み 2

悩み 3

究極の危機管理とは、一体どんなこと？

そんなときは『生き残った人の7つの習慣』の思考法を活用しよう！

無酸素で世界の8000メートル峰登頂を成功させてきた著者が、数々の事故の体験を乗り越えたうえでの洞察として、「危機を回避する人の習慣」を教えてくれる。

📖 P008　「山の危機管理」は、「現代社会を生き抜く危機管理」でもある

📖 P015　私はこれまで山でケガを負ったことはない。八〇〇〇メートル峰に何度も挑むようなベテラン登山家になってくると、凍傷で指の一本、二本なくなっていることも珍しくないが、私は五体満足、無事である

「危機」には必ずその予兆がある。
執着せず集中して、予兆を見逃さない

ほとんどの事故には予兆がある

予兆を見逃さなければ危機は避けられる

危機の90%以上には予兆があるので、それを見逃してはいけない

大事故や悲劇の前には微かな異変など危機の予兆が90%以上ある。予兆は人の心や行動にも出る。例えば、普段なら絶対しないミスを誰かがするなど。

初心者には「焦り」があり、
ベテランには「驕り」がある。ともに避けること

初心者は気が緩むのが早い

- 悪魔はゴールの近くに潜んでいる。
- あと少しで安全地帯だ。
- もう大丈夫！
- ゴールが見えると多くの人がまだゴールしていないのに気を緩めてしまう。

ベテランには驕りや過信が生まれる

- これくらいなら大丈夫という過信は経験豊富なベテランほど陥りやすい。
- これくらいなら平気。いつもと同じだ。
- 過信や驕りなど自分本位の思い込み
- 企業で発生する不正は驕りが原因。
- リスク情報 いつもと違う状態

初心者にも、ベテランにもそれぞれの落とし穴がある

初心者は気が緩むのが早い。ゴールが見えると初心者の多くは、ゴールしていないのに気を緩めてしまう。一方で、これくらいなら大丈夫という過信は経験豊富なベテランほど陥りやすい。

BOOK
32

生き残った人の
7つの習慣

究極の危機管理とは、
「究極の事前準備」である

正常性バイアス

そこまで危機じゃない。

自分は大丈夫だろう。

危機の予兆

このような人は危機や事故を起こすと「想定外」という言葉を使う。

危機管理で「想定外」という言葉を使うのはただの「甘え」である。

リスクマネジメントって何をすべきなの？

あらゆるシナリオを想定して危機を回避する検討を行う。

それは事前の準備にすべて集約される。

究極の危機管理とは「究極の事前準備」である

リスクマネジメントとは、あらゆるシナリオを想定して、危機を回避する検討を行うことを指す。それは事前の準備にすべて集約される。
例えば、登山の危機管理は「事前準備」と「予兆を読み取る」ことである。どんなルートで登るか、この季節にあるリスクとは何か、天候が荒れたらどうなるか、最悪の状況になったらどんな手段で生還するか。

BOOK 33 『多様性の科学』

👤 マシュー・サイド著
✏️ 2021年 📖 ディスカヴァー・トゥエンティワン

英国『タイムズ』紙の第一級コラムニスト。オックスフォード大学哲学政治経済学部を首席で卒業。卓球選手としてもオリンピックに2度出場するなど活躍。CNNなど著名メディアのリポーターなども務める。

悩み 1

うまくいかない組織、失敗を近づけるチームに共通点はあるの？ どうしてそのような失敗を生み出してしまうの？

悩み 2

効果的な組織はどんな構造を持っているの？ ワンマンタイプのリーダーには、どんな限界があるの？

悩み 3

個人としての優秀さと、人に学ぶ力はどちらが有利なの？ 多様性を日常に取り込む3つの行動とは何？

そんなときは『多様性の科学』の思考法を活用しよう!

集団が大きな変化を前にしたとき、困難な問題を解決すべきとき、画一的なものの見方に支配されていると、集団の未来は危うくなる。脱出の決め手は、多様性にある。

POINT 本書のポイント

\1/ 多様な視点がなく、多様な意見を封殺する集団は、変化にとても弱い

\2/ 実行のための構造と、多様性を許す柔軟性を併せ持つ組織が変化を乗り越える

\3/ 複雑な問題を解くときほど、他人から学び合う力のあるチームが有利になる

📖 P212 ルート128周辺の企業は決して意図的に自分たちの未来をつぶそうとしたわけではない。みな創造的で頭のいい人間だったが、根本的な思考の枠組みから抜け出せていなかった

📖 P221 誰もが自由に意見を出せる、適切な環境に人々を集めることができれば、驚くような結果を出せる

多様な視点がなく、多様な意見を封殺する集団は、変化にとても弱い

同質的な集団　同じ視点で現実を判断する

似たような発想しか出てこない

問題

多様なメンバーのいる集団　異なる角度から問題を見る

問題

いろいろな解決策があるぞ！

多様な視点がない集団は変化に弱い

同質的な集団や支配的なリーダーの集団は、同じ盲点をメンバーが共有しがちである。難しい問題ほど多様性のある集団の方が良い解決策を発見する。ただしその問題に関する知識のある人をメンバーにすること。

実行のための構造と、多様性を許す柔軟性を併せ持つ組織が変化を乗り越える

リーダーシップと多様な意見を受け入れる柔軟性を併せ持つこと

組織の実行にはリーダーシップが必要不可欠である。しかし、それはワンマンよりも尊敬を元にする方がいい。ワンマンタイプの支配的リーダーは変化に対応することが苦手である。

複雑な問題を解くときほど、
他人から学び合う力のあるチームが有利になる

飛び抜けて優秀な人（でも孤立）

特定の問題
得意な問題のみ
に極めて強い。

自分の盲点を
補わないと
変化に弱い。

問題解決力が
すごく高まる。

刺激が新しい
発想を誘発する。

アイディアや
情報の共有

他のメンバー
から学んで次
のアイディア
を生み出せる。

日常に多様性を
取り込む3つのこと

① 無意識の
バイアスを
取り除く。

② 若い人たちが上
層部に意見を言
える場を作る。
（グッチの成功
を支えた。）

③ 与える姿勢が
成功を生み出
す。

BOOK
33
多様性の科学

アイディアや情報の「共有」こそが力を生み出す

飛び抜けて優秀な人であっても、孤立してしまうと自分の盲点を補うこと
ができず変化に弱い。アイディアを共有することで、問題解決力が高まり、
お互いにいい刺激を与え合うこととなり新しい発想が生まれる。

BOOK 34 『運を味方にする「偶然」の科学』

📖 バーバラ・ブラッチュリー著
🖊 2022年　📖 東洋経済新報社

アグネス・スコット・カレッジの倫理学・神経科学の教授。生理心理学、神経科学、リサーチにおける統計学、学習・感覚・認知に関する心理学、うつ病の生物学的メカニズムなどを研究している。

\悩み/
1

幸運はランダムに起こるの？　私たち人間の推論となにか関係しているの？

\悩み/
2

幸運になることは、本当に可能なの？　運を鍛える４つの法則とは何？

\悩み/
3

運に恵まれるために重要ポイント、「脳の実行機能」とはどんなもの？

そんなときは『運を味方にする「偶然」の科学』の思考法を活用しよう!

幸運な人たちは、世界に偶然起こる出来事（ランダムネス）に、不運な人とは違う反応をする。期待と注意という2つのツールを有効活用することで、幸運な人になることは可能なのだ。

本書のPOINT

\1/ 私たちは、偶然の出来事（ランダムネス）にいろいろな原因を見つけようとする

\2/ 運の良い人と運の悪い人は、4つの点で行動原理が異なる

\3/ 幸運を重ねる人は、思考の流儀の結果として効果的な実行ができる人である

📖 P209 運に恵まれる方法——期待と注意というふたつのツール

📖 P222 ワイズマンが発見したのは、世界にランダムネスをさがすからこそ、運に恵まれやすくなることだった

私たちは、偶然の出来事（ランダムネス）に いろいろな原因を見つけようとする

誰もが出来事の
原因を考えるものだ

ブラッチュリー

人の原因分析の４つのポイント

① 内的帰属	② 外的帰属
原因が自分の内面に あると考える	原因が自分以外の 環境にあると考える

③ 安定性	④ コントロール性
よく起こること なのか、めったに 起こらないことか	その原因を自分で コントロール できるか否か

私たちは原因をうまく特定できないものを運と呼ぶ

自分の能力や努力、課題の難しさで説明できないと判断すると、人はそれ を「運だった」と言う。

運の良い人と運の悪い人は、
4つの点で行動原理が異なる

ワイズマンの運に関する4法則

① 運が良い人は、チャンスに注意を払いチャンスに基づいて行動する。

② 運が良い人は、直観や本能に従って行動する。

③ 運が良い人は、「自分は成功するし目標を達成する」と思っている。

④ 運の良い人は、不運や失敗を学びと見なして、未来への改善・期待にする。

ワイズマンは幸運になる人には4つの法則があるとした

期待も注意も私たちが内的にコントロールできる要素である。ワイズマンの提言は期待と注意の重要性を教えている。

幸運を重ねる人は、思考の流儀の結果として
効果的な実行ができる人である

幸運を手に入れる3つの実行方法

① 考え方を切り替える

② 気を散らさず、すべきことに集中する

③ 広く問題解決の方法を探す

8

人間関係が
うまくいく
思考法

私たちの幸せや悲しみの元になる
人間関係。この大切な存在を上手に
育てる思考法を身につけましょう。

『Think CIVILITY』

BOOK 35

👤 クリスティーン・ポラス
🖊 2019年　自 東洋経済新報社

ジョージタウン大学マクドノー・スクール・オブ・ビジネス准教授。 活気ある職場を作ることを目的とし、 グーグルやピクサー、 国際連合などで講演やコンサルティング活動を行う。

Think
CIVILITY　シンク・シビリティ
「礼儀正しさ」こそ
最強の
生存戦略である

クリスティーン・ポラス

�ళ悩み〴

1

周りにいい影響をもたらす「礼儀正しさ」をどうすれば身につけられるの?

〱悩み〵

2

「**無**礼な人」の振る舞いにいつも困っているけど、自分の身を守る方法はあるの?

〱悩み〵

3

「**無**礼な人」を改心させチームにいい影響をもたらすにはどうしたらいいのか?

そんな時は『Think CIVILITY』の思考法を活用しよう。

一流の人間ほど、不機嫌にならず周りに対して礼儀正しい。
一方で、無礼さが人や職場、企業に損害を与えている。

\1/ 「礼儀正しさ」が人や職場に好影響を与えている一方で、無礼さは損害を与えている

\2/ 無礼は無礼を生み、礼節は礼節を生む

\3/ 「成功の自覚」が無礼さに対する最大の防御法

📖 無礼な人は周囲の人間だけでなく、会社にも大き
P013 な影響をもたらす

BOOK
35

Think CIVILITY

📖 無礼な言動に触れて感情が強く動かされると、そ
P069 のことは決して忘れない

「礼儀正しさ」が人や職場に好影響を
与えている一方で、無礼さは損害を与えている

礼節ある人が得られる3つのメリット
①仕事が得やすい
②幅広い人脈が築ける
③出世の可能性が高まる
無礼な態度は、成果をあげる足かせになる

無礼は無礼を生み、
礼節は礼節を生む

無礼さはウイルスのように人から人へと伝染していく

その後、関わった人たちすべてに悪影響を与え、人生を悪い方に導くことになる。誰も気づかないうちに、無礼さの影響は社内全体に広がり、すべての人をより不親切に、より不寛容にし、すべての人の元気、楽しさを奪う。

BOOK
35

Think CIVILITY

「成功の自覚」が無礼さに対する最大の防御法

無礼な人

成功 成功
成功 成功
成功 成功
成功 成功
成功 成功
成功 成功 成功
成功 成功 成功 成功
成功 成功 成功 成功

成功

自分を成功しているとみなす人は強い

無礼な態度のネガティブな影響を乗り越えるために最も重要なのは、「自分は成功している」と思えること。そう思える人は、健康で、何かあっても回復が早く、また仕事への集中力が途切れにくい。

BOOK 36 『WHO NOT HOW』

- 👤 ダン・サリヴァン、ベンジャミン・ハーディ著
- ✏️ 2022年 📖 ディスカヴァー・トゥエンティワン

サリヴァンは起業家精神の第一人者。50冊以上の著作を持つ。起業家コーチングプログラムを提供するStrategic Coach の共同設立者。ハーディは組織心理学者。多数のビジネス書を執筆している。

悩み **1**

夢や目標を叶えるのにコツはあるの？　今までうまくいかなかったことは、どうすれば変えられるの？

悩み **2**

いつも必要なことを先延ばしして後悔してしまう。先延ばしを止めることと、WHO（誰とやるか）は関係あるの？

悩み **3**

誰かにとって、最高のWHO（仕事上のパートナー）になるにはどんな点に注意を向けるべきなの？

そんなときは『WHO NOT HOW』の思考法を活用しよう!

何でも自分でやろうとする HOW（どうやるか）ではなく、あなたの夢や目標の実現を助けてくれるベストの誰か（WHO）を見つけてチームとなることが、夢を最速で実現させる。

本書のポイント

POINT

\1/ あなたとは違う能力を持つ WHO（誰か）を積極的に活用すると、達成は急加速する

....

\2/ 先延ばしは、あなた一人の能力を超えた目標を抱えていることを意味している

....

\3/ 「相手にどんなメリットを与えられるか?」を中心に物事を考えること

📖 P016　「WHO」は結果を生み、「HOW」は問題を生じさせる

📖 P026　ビジョンが大きければ大きいほど、「どうやるか」ではなく、「誰か」が必要になる。同様に、より多くの、より優れた「誰か」が関わると、ビジョンも大きく成長する

あなたとは違う能力を持つ WHO（誰か）を積極的に活用すると、達成は急加速する

デメリット	メリット
無駄が多い茨の道。専門外の作業や決定の悩み。なかなか先に進まず疲れてしまう。	苦手な分野をプロに任せられる。自分の分野に集中できる。スピードが速くなり達成が大きくなる。

HOW（どうやるか）ではなく、WHO（誰とやるか）

HOW ではなく、WHO に意識を切り替えて「私がこれを達成するのを助けてくれるのは誰（WHO）か？」を考えるのが、より良い考え方である。

BOOK
36

WHO NOT HOW

本書のポイント **2**

先延ばしは、あなた一人の能力を超えた目標を
抱えていることを意味している

先延ばしは、自分以外のパートナーの必要性を教えてくれるサイン

**私たちの大多数は最も重要なことを先延ばしして、幸福感を失っている。
では、なぜ人は先延ばししてしまうのか。それは、自分だけでは実行する
だけの能力に欠けているサインを見逃しているからである。**

「相手にどんなメリットを与えられるか？」を
中心に物事を考えること

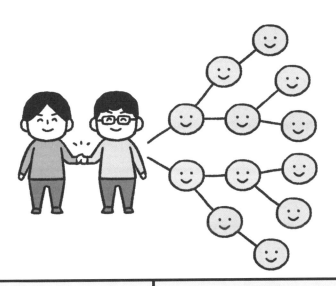

良いパートナーの条件	誰かのパートナーになる心構え
・あなたのビジョンを大きくしてくれる。 ・苦手な部門の実行を助けてくれる。 ・その分野の深い知識と経験。 ・あなたが悩むことを決断して疲労を少なくしてくれる。	・相手のメリットを考えて行動できる。 ・相手の苦手な分野でのサポートが得意。 ・性格的に合うこと。 ・前向きなエネルギーをプロジェクトに与えること。

「相手にどんなメリットを与えられるか」と常に考えておく

良いパートナーは無駄を減らし、夢の達成を助けて、より豊かな人生へと
押し上げてくれる。

相手に価値を与える発想は豊かな人間関係を生み出し、ネットワークを広
げてくれる。

BOOK
36

WHO NOT HOW

BOOK
37

『他人を支配したがる人たち』

- ジョージ・サイモン著
- 2014年　草思社

1948年デトロイト生まれ。臨床心理学者。パーソナリティ障害やその被害者の治療や調査、研究を行う。専門性を活かし、公的機関や産業界へのコンサルティング事例も多数。

悩み

1

他人への強い支配欲で動いている人は多い。でも彼らの正体を簡単に見抜けないのはなぜ？

他人を支配したがる人たち＝マニピュレーターの特徴は？　彼らと権力はどんな関係にあるの？

悩み

2

悩み

3

他人を支配したがる人に対して、対抗策はあるの？

そんなときは『他人を支配したがる人たち』の思考法を活用しよう!

パーソナリティ障害の中でも、 特に「他人を支配すること」に異常な執念を燃やす人たちがいる。 過去の精神分析では発見できなかった彼らの、 狡猾な手口を見抜いて対処しよう。

POINT

本書のポイント

\1/ マニピュレーターとの関係では、 4つの点が特徴になる

\2/ 彼らは狡猾に支配欲を隠す。 しかし、 権力を握ると豹変することが多い

\3/ あなたの自己効力感を高めながら、 相手の「言い訳」ではなく「行動」を判断する

📖 P007 人を追い詰め、その心を操り支配しようとする者——「マニピュレーター」は、聖書に書かれた「ヒツジの皮をまとうオオカミ」にじつによく似ている

📖 P012 古い精神分析のアプローチでは、対抗できないマニピュレーターたちのことをもっと知るべき

マニピュレーターとの関係では、4つの点が特徴になる

マニピュレーターの4つの特徴

①攻撃だと気付かせない

②傷ついているのは相手と思わせる

③相手の弱点を利用する

④問題があるのは自分だと思わせる

え？悪いのは私なの？

支配欲に突き動かされている人たちの狡猾さと4つの特徴

①攻撃だと気付かせない

②傷ついているのは相手と思わせる

③相手の弱点を利用する

④問題があるのは自分だと思わせる

彼らは狡猾に支配欲を隠す。
しかし、権力を握ると豹変することが多い

公然と人を支配できる機会、権力がある場所は
マニピュレーターを引き寄せてしまう。

彼らは権力を持つと必ず人を支配するために悪用する

マニピュレーターであるか否かを見抜く最良のテストは権力の取り扱い方
である。他人を支配したがるマニピュレーターは、必ず権力を悪用する。
そのような人をその立場につけてはいけない。

あなたの自己効力感を高めながら、
相手の「言い訳」ではなく「行動」を判断する

あなた自身を大切にするために

自分の意志を
強くしていく

得意なことで
小さくても成功
して自信をつける

はっきりと
相手に要求する

もう騙されない！

ここまでは我慢する
が、一線を超えたら
絶対に許さない！

言い訳ではなく
行動こそが本物
の本音だよ。

あれ。
嘘が通じなく
なった！

言葉で騙して
攻撃と支配をする
つもりなのに。

相手の「言い訳」ではなく「行動」を判断する

自分自身を大切にするために、自分の意志を強くしていく。またはっきり
と相手に要求する。そして、得意なことで小さくとも成功して、自信をつ
けることが大切である。それによって、ハートが大きくなっていく。

BOOK 38 『アルフレッド・アドラー 人生に革命が起きる100の言葉』

- 小倉広著
- 2014年　ダイヤモンド社

組織人事コンサルタント。アドラー派の心理カウンセラー。東洋哲学やアドラーを中心に「人生学」の探求と普及活動を行う。組織論や上司と部下の関係性に関する著作多数。

悩み 1

怒りや不安にとらわれてしまう。どうすればこの性格を変えられるの？

悩み 2

人の評価がいつも気になってしまう。どうすれば気にならないでいられるの？

悩み 3

幸福感を感じられない、居場所がないと感じる。どうしたらいいの？

そんなときは『アルフレッド・アドラー 人生に革命が起きる100の言葉』の思考法を活用しよう！

アドラー心理学は、性格は変えることが可能だと捉えており、目的によって自分で感情を作り出して利用していると考える。この理論の活用は、人生を変える力になる。

本書のポイント

\1/ 感情は自分が目的のために作り出したもの。この目的論を意識すれば性格は変わる

....

\2/ 相手があなたをどう評価するかは、相手の課題。人の課題に踏み込まないこと

....

\3/ 他の人を喜ばせようと考えて、行動してみる。他者への貢献こそが居場所をくれる

📖 P001 人生が困難なのではない。あなたが人生を困難にしているのだ

📖 P023 不安だから、外出できないのではない。外出したくないから、不安を作り出しているのだ。「外出しない」という目的が先にあるのだ

212

感情は自分が目的のために作り出したもの。
この目的論を意識すれば性格は変わる

アドラー以前の原因論

感情に突き動かされる
のが人間という理論

許せない！

怒りが抑え
られないよ！

アドラーの目的論

許せない！

相手を支配する
ために怒りの感情が
使えるぞ！

目的のために都合が良い感情
を利用しているという理論

感情は自分が目的のために作り、利用しているもの

感情は抑えられない厄介なものではなく、むしろ都合が良いものである。
人は感情を自分の都合に合わせて利用している。

相手があなたをどう評価するかは、相手の課題。人の課題に踏み込まないこと

それが他人の課題なら、あなたが背負ってはいけない

悩みや人間関係のトラブルは他人の課題を背負おうとすることで起きる。
自分の課題と相手の課題は区別する。

他の人を喜ばせようと考えて、行動してみる。
他者への貢献こそが居場所をくれる

居場所とは、他人への貢献が与えてくれるもの

他人への貢献をあなたが始めると居場所が与えられる。人生の苦しみから
抜け出すには、他人を喜ばせようと意識、努力することが大切。

PART

PART

9

悩みが軽くなる
思考法

私たちの人生につきものの「悩みごと」。
悩みが軽くなるだけで、毎日は明るくなる。
だからこそ、ぜひ知っておきたい思考法です。

BOOK 39 『筋トレが最強のソリューションである』

Testosterone著
2016年　U-CAN

米国留学中に筋トレと出会い、40キロものダイエットに成功、総合格闘技にも取り組む。Xフォロワーは120万人を超える。社長業の傍ら、筋トレと正しい栄養学の普及のために著作を世に出す。

悩み **1**

メンタルがボロボロの最悪状態。プレッシャーや失敗のショックから、どうすれば立ち直れるの？

仕事でどうしても成功したい。でも体力も気力もなく、成功への方法もわからず不安。

悩み **2**

悩み **3**

何度もダイエットするが、すぐに失敗してしまう。恋愛が苦手で意中の人と接する方法がわからない。

そんなときは『筋トレが最強のソリューションである』の思考法を活用しよう！

筋トレが、単に運動能力や健康のプラスとなるのみならず、自己肯定感や自信を与え、少しずつ強くなる自分を好きにさせる効果があると教えてくれる。不安を吹き飛ばす力をくれる。

本書のポイント

\1/ 筋トレによって分泌されるテストステロンなど、精神を盛り上げるホルモンを利用して、自信や自己肯定感を高める

\2/ 他人と比較しないで済む筋トレで、自己管理力と意志力、規律を手に入れる

\3/ 精神的な悪循環を、筋トレという物理的な動作とその効果で断ち切る

📖 P019 「とりあえず筋トレしてみる」ヤツが勝つ

📖 P023 人生辛くて投げ出したくなる時もある。気持ちはわかるが絶対に自暴自棄になって親に顔向けできない様な事をしたり人様に迷惑をかける様な事はするな。自分に恥じない生き方してれば必ず好転するから。保証する

筋トレによって分泌されるテストステロンなど、精神を盛り上げるホルモンを利用して、自信や自己肯定感を高める

筋トレは肉体改造だけでなく、ホルモン効果で精神にも効く

筋トレは身体がカッコ良くなるだけでなく、精神力の強化にも有効。テストステロンの分泌によって全能感が感じられる。悩んでいる人に悩むなと言ってもムリである。物理的な運動が内面にまでプラスになるのがポイント。

他人と比較しないで済む筋トレで、
自己管理力と意志力、規律を手に入れる

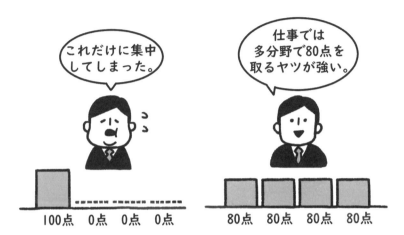

これだけに集中
してしまった。

仕事では
多分野で80点を
取るヤツが強い。

100点　0点　0点　0点

80点　80点　80点　80点

人生はメンタル
ゲームだ。
筋トレは心の
リミッターを外す
最高のツール。

筋トレは自己
管理力と
メンタルの力を
高めてくれる。

筋トレによる自己管理は
トップクラスのビジネス
パーソンに大人気だ。

基準は「昨日の自分より強いか?」筋トレで自己管理ができる

人生はメンタルゲームであり、筋トレは心のリミッターを外す最高のツールである。仕事では、多分野で80点を取るヤツが強い。筋トレによる自己管理はトップクラスのビジネスパーソンに大人気である。

本書のポイント **3**

精神的な悪循環を、
筋トレという物理的な動作とその効果で断ち切る

精神的な悪循環を効果的に断ち切る筋トレ

筋肉量が増えると代謝が上がる。外見を気にするより、筋トレでシェイプすると自尊心が手に入る。結局自分に自信を持つには筋トレが近道である。精神的な悪循環は物理的な努力の筋トレで止められる。

悩むこと、くよくよ考えることから自分を解放する

BOOK 40 『考えない練習』

小池龍之介著

2010年 小学館／小学館文庫

元浄土真宗僧侶。東京大学教養学部卒業。卒業後、僧職につく。瞑想法や悩みの解決に関する著作多数。

悩み 1

3つの大きな煩悩「欲」「怒り」「迷い」。煩悩によって、絶え間なく悩み、考え続けてしまい、疲れ切ってしまう。

悩み 2

目の前の現実は普通すぎてつまらない。だからこそ刺激の強いネガティブな方向へつい思考が暴走してしまう。

悩み 3

過食やものを捨てられないなど、自分の想いとは真逆の行動が止められないのはなぜ？

そんなときは『考えない練習』の思考法を活用しよう!

悩み続けてしまう、考え続けて疲れ果ててしまう悪循環から、少しでも離れるにはどうすべきか。「悩みに人がとりつかれる理由」を理解するところから始められる便利な一冊。

POINT
本書のポイント

\1/ 目の前の目標の達成に必要な思考以外を、除外してしまう

....

\2/ 自分の感情（怒りなど）をカギカッコでくくり、客観視できるようにする

....

\3/ 五感をフルに使って食事を楽しみ、「捨てる」ことを心の訓練にしてしまう

📖 **P005** 考えすぎで思考を錆び付かせるのはやめて、「考えない練習」の時間という充電をすること

📖 **P024** 考えている間は、エネルギーを「考える」ことに浪費している分、視覚も聴覚も触覚も鈍くなる性質があります。脳内であれこれと考えごとに耽り^{ふけ}すぎるせいで、身体感覚がなおざりにされ、心と身体がちぐはぐになります

目の前の目標の達成に
必要な思考以外を、除外してしまう

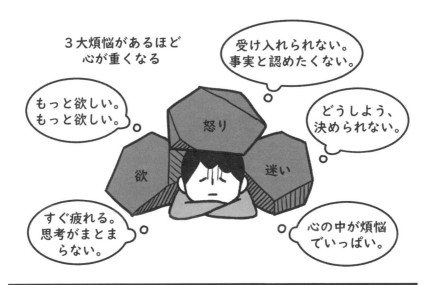

3つの煩悩は心の重りになる

「欲」「怒り」「迷い」という3大煩悩があるほど心が重くなる。こうなってしまうとすぐ疲れてしまい思考がまとまらない。そうならないためにも、目の前の目標と関係ない思考を切り捨てよう。

BOOK
40

考えない練習

自分の感情（怒りなど）をカギカッコでくくり、客観視できるようにする

「〇〇と自分は思っている」という形式に思考を書き換える

思考はそのままでは、現実と感じさせてしまうためマイナスの感情を生む。だから、思考を「〇〇と自分は思っている」と言い換えて、客観視することが重要である。

五感をフルに使って食事を楽しみ、
「捨てる」ことを心の訓練にしてしまう

過食を避ける

舌の感触や
食べ物の味をより
詳しく味わって、
ゆっくり食べる。

ストレス発散で
食べると、味わうという
感覚が減って思考に
操られてしまう。

捨てられないを変える

忘れているつもり
でも思考の中で
心を重くする。

捨てられないもの

失う恐怖から
自由になり、物が少
ないほど心は軽い。

不要品

五感を使って食べる、「捨てる」を心のトレーニングにする

・過食を避ける
ストレス発散で味わうという感覚が減って、思考に操られてしまう。
・「捨てられない」を変える
捨てられないものは、忘れているつもりでも思考の中で心を重くする。捨
てることで失う恐怖から自由になる。ものが少ないほど心は軽い。

BOOK
40

考えない練習

BOOK 41

『うまくいっている人の 考え方（発展編）』

👤 ジェリー・ミンチントン著
✏ 2004年 🏛 ディスカヴァー・トゥエンティワン

米国の自己啓発作家、エッセイスト。自尊心やモチベーションに関する著作多数。自らの価値を確信することが、人生の成功や幸せに直結することを人々に伝えている。

\悩み/
1

自分に自信がない。自分は欠点だらけだと思い、いつも自分を責めてしまう。

\悩み/
2

いつも他人の評価が気になり、心が落ち着かない。だから強いことを言う人に操られてしまうことがある。

\悩み/
3

自己評価が低いことで、他人とうまくコミュニケーションできない。他人を前にすると、自分を守ることだけに夢中になってしまう。

そんなときは『うまくいっている人の考え方（発展編）』の思考法を活用しよう！

不完全な自分を認めて受け入れることで、自分の良い点や価値をよく理解できるようになる。自尊心を育むと他人に操られる生活から脱け出し、他人と健全な関係を作れる。

POINT 本書のポイント

\\1/ 完全でなければいけない、という考え方を捨て不完全でも自分を大切にする

……………………………………………………………

\\2/ 評価を気にしすぎると、相手に操られてしまう。自分は自分であり、他人とは違うことを理解しよう

……………………………………………………………

\\3/ 自分を大切にすることで、他者とより健全な関係を新たに築く

📖 P004 自尊心は人生のほとんどすべての局面に大きな影響を与える

📖 P036 自分に向かって自分のことを話すときは、常にプラスの言葉を使おう。自己批判に陥っているときは、それがどのような理由であれ、すぐにそれをやめよう

完全でなければいけない、という考え方を捨て 不完全でも自分を大切にする

自分を責めないだけで問題や夢にパワーを注げる

自分を責めると元気が無くなり夢を追えなくなる

不完全でも自分を大切にしよう

自分を責めると元気がなくなり夢を追えなくなる。完璧でなくとも自分は大切にする価値があると考えよう。自分を責めないだけでプラスのエネルギーが増え、問題や夢にパワーを注ぐことができる。

評価を気にしすぎると、相手に操られてしまう。
自分は自分であり、他人とは違うことを理解しよう

自分が犠牲者であるふり
をして、あなたを操ろう
とする戦法を取る人。

あなたは気配りが
足りない。
だから私の思い
通りに動くべき。

思いやりが無い

他人を操りたい

自尊心の不足を
他人を貶めることで
補っているだけ。

相手の言葉と
あなたの価値は
関係ないはず。

他人への悪い
感情に縛られ
てはいけない。

他人からの評価を気にしすぎない

あなたを操ろうとする人は自分が犠牲者であるフリをして、あなたを自分
の思い通りに動くようしむけてくる。結局、そういう人は自分の自尊心の
不足を、他人を貶めることで補おうとしている。

BOOK
41

うまくいっている人の考え方
（発展編）

自分を大切にすることで、他者とより健全な関係を新たに築く

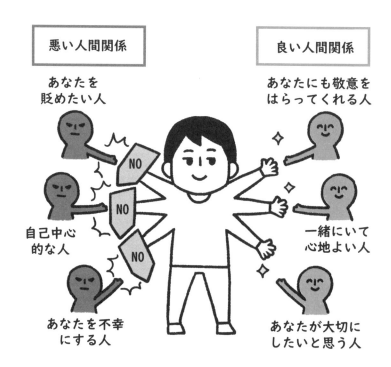

悪い人間関係	良い人間関係
あなたを貶めたい人	あなたにも敬意をはらってくれる人
自己中心的な人	一緒にいて心地よい人
あなたを不幸にする人	あなたが大切にしたいと思う人

自分を大切にするほど、良い人たちとの出会いが広がる

自分を大切にするほど、不幸にする人間を断ち切ることができ、自己中心的な人や操ろうとしてくる人に「NO」をつきつけることができる。自分に敬意を払ってくれる人や大切にしたいと思う人と健全な関係を持とう。

自律神経が整う生活をすることで、実力を発揮しメンタル不調も退治できる

BOOK 42 『整える習慣』

- 小林弘幸著
- 2021年　自 日本経済新聞出版／日経ビジネス人文庫

順天堂大学医学部教授。 日本スポーツ協会公認スポーツドクター。 自律神経の研究を元に、 プロスポーツ選手のコンディショニング、 パフォーマンス指導にも関わる。 健康関連のベストセラー著作多数。

整える習慣

順天堂大学医学部教授
小林弘幸

悩み 1

やる気が出ない、メンタルが弱い、力が出せない。どんな対策から始めればいいの？

悩み 2

職場、地域社会、プライベート。人間関係にいつも疲れてしまう。どうしたら、人間関係に悩まずに済むの？

悩み 3

ストレスばかりで押しつぶされそう。心の軽い毎日を手にするために、何が大切なの？

そんなときは『整える習慣』の思考法を活用しよう!

自律神経研究の第一人者が教えるストレスの対処法。自分を整える、正しいコンディショニングを行うことで、日々の生活にパワーを取り戻して、明るい心で過ごせるようになる。

本書のPOINTポイント

1 カバンの中、財布の中、身の回りの整理から始めて、自律神経を整える

2 人間関係、SNS などの関係では、「距離感」を正しく測って対処していく

3 「怒り」に対処する方法を学び、自分がとれる選択肢があることを意識しよう

📖 P011 心と体はつながっているので「元気が出ない」「希望が持てない」というときは、メンタルでなんとかしようとするのではなく、まずは動いてみる。そんな具体的なノウハウが必要です

📖 P232 「ストレスを生むのは自分自身」と思えた瞬間から自律神経は整い始める

カバンの中、財布の中、
身の回りの整理から始めて、自律神経を整える

自律神経が乱れて本来の能力が発揮できない

単純な整理や不要なものを捨てることで自律神経は整っていく

自律神経が整ってやる気に満ちてストレスなし

近いところにあるカバンや財布の中身を整理する

ものを片付けるのはコンディショニングの基本である。カバンには必要な
ものだけ入れ、それがすぐ取り出せるようにしておく。片付けを儀式にす
るとメンタルも整いやすくなっていく。

人間関係、SNS などの関係では、「距離感」を正しく測って対処していく

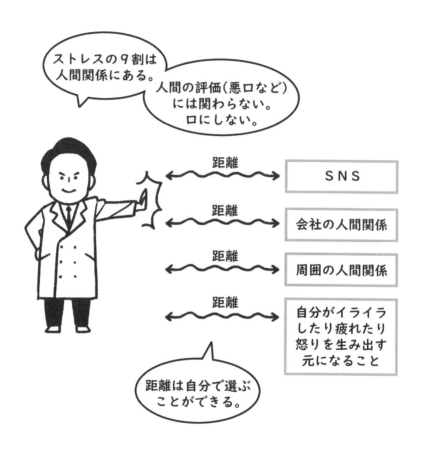

人間関係、SNS などは正しい「距離」をとって対応する

ストレスの9割は人間関係にある。人の評価（悪口など）には関わらない、口にしない。人間関係に疲れてしまうのは、距離が近すぎるせいなので、もっと距離をとるべきである。

「怒り」に対処する方法を学び、
自分がとれる選択肢があることを意識しよう

怒りの多くは自分の考えや価値観を他人にも強要することで発生している。

あの人が悪い！

なんでうまくいかないんだ！

怒りは自律神経を乱す最大の要因

とりあえず一度深呼吸しよう。

相手のタイミングではなく自分のタイミングに。

運動などメンタル以外から始める。

怒り　　客観的な自分

体を動かして
怒りや不安を鎮める

BOOK
42

整える習慣

「怒り」は自律神経を乱す。対処法を学び、他の道を選ぼう

怒りの多くは、自分の考えや価値観を他人にも強要することで発生している。同じことを求めるのはやめよう。怒りは自律神経を乱す最大の要因である。運動や深呼吸など自律神経を整えてから問題に対応する。

10

若さを活かす
思考法

若さとは可能性の塊であり
行動のバネになる大切なものでもある。
若さを最高のスタートにする思考法。

長くなる人生を、最大限幸福に生きるために

BOOK 43 『LIFE SHIFT

👤 リンダ・グラットン、アンドリュー・スコット著
📅 2016年　🏢 東洋経済新報社

グラットン氏は、ロンドン・ビジネススクール教授。人材論、組織論の世界的権威。スコット氏はロンドン・ビジネススクールの経済学教授。多数の国際的な機関でアドバイザーとして活躍。

\悩み/
1

人生100年時代とは、これまでとどう違うの？

\悩み/
2

人生が長くなると、どんな備えが必要になるの？

\悩み/
3

100年時代を最高に楽しむためにはどんなスキルを高めるべき？

そんなときは『LIFE SHIFT』の思考法を活用しよう!

現代、人間の寿命は延びており、多くの人が60~80年ではなく「100年の人生」を生きるようになる。『LIFE SHIFT』の思考法は、この変化に対して適切に対応するために必要なことを教えてくれる。

POINT 本書のポイント

\1/ 人生が長くなると、「教育→仕事→引退」という3ステージの人生ではなくなる

\2/ 引退が遅くなる時代には、「高齢でも働く」「マルチキャリア」が当然になる

\3/ お金に換算できない力、3つの「見えない資産」を増やしておく

📖 P020 しっかり準備すれば、長寿を災厄ではなく、恩恵にできるかもしれない

📖 P026 問題は、ほとんどの人が生涯で何度も移行を遂げるための能力とスキルをもっていないことだ。(中略)恩恵を最大化するためには、上手に移行を重ねることが避けて通れない

BOOK
43
LIFE SHIFT

人生が長くなると、「教育→仕事→引退」という 3ステージの人生ではなくなる

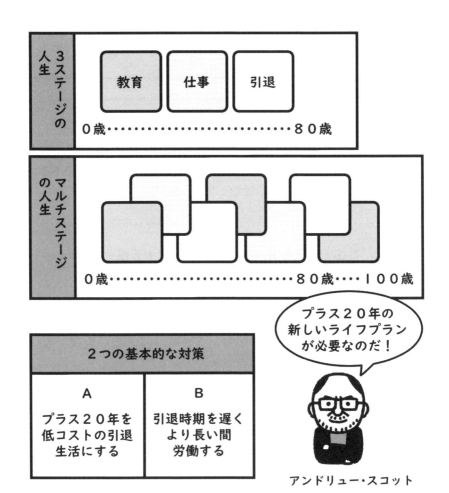

3ステージの人生	教育	仕事	引退

0歳・・・・・・・・・・・・・・・・・・・・・・・80歳

マルチステージの人生

0歳・・・・・・・・・・・・・・・・・・80歳・・・100歳

プラス20年の新しいライフプランが必要なのだ！

アンドリュー・スコット

2つの基本的な対策

A	B
プラス20年を低コストの引退生活にする	引退時期を遅くより長い間労働する

寿命が20年長いと生き方を変える必要がある

寿命が長くなればその分の新しいライフプランが必要となる。貯蓄の少ないほとんどの人にとって、長寿は長く働くことを意味する。

本書のポイント

引退が遅くなる時代には、「高齢でも働く」「マルチキャリア」が当然になる

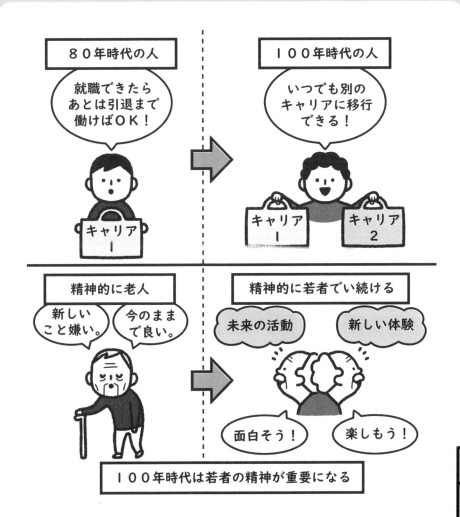

寿命が長くなると、より変化に対応する力が求められる

長く働くことを災厄ではなく恩恵にするためには「精神的に若者」であり続けることが重要である。100年時代は新しいことを嫌ったり、現状に固執したりと精神的な老人にはなってはいけない。

BOOK 43

LIFE SHIFT

お金に換算できない力、
3つの「見えない資産」を増やしておく

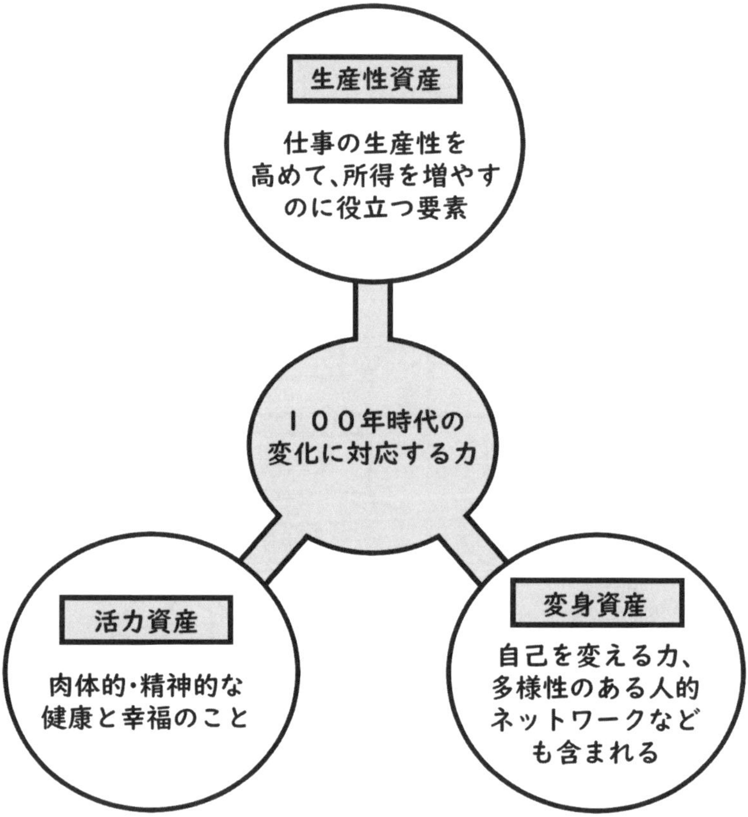

生産性資産

仕事の生産性を
高めて、所得を増やす
のに役立つ要素

100年時代の
変化に対応する力

活力資産

肉体的・精神的な
健康と幸福のこと

変身資産

自己を変える力、
多様性のある人的
ネットワークなど
も含まれる

100年時代には「生産性資産」「活力資産」「変身資産」を増やす

長寿化で人は、より多くの変化に直面することとなる。だからこそその変化に対応するための目には見えないこれらの「無形資産」を大切にすべきである。

BOOK 44 『超バカの壁』

- 養老孟司著
- 2006年　自 新潮社／新潮新書

東京大学医学部卒業。 解剖学の教授として勤務後、1995年に退官。 現在、 東京大学名誉教授。 著作多数。『バカの壁』 は、 400万部以上売れて戦後日本のベストセラー第5位となった。

悩み 1

仕事を選ぶときの心構えは？　どんな考え方をすると、間違えることが減るの？

悩み 2

この世界では論理や公式で、なんでも説明できるの？　そういう考え方の弊害はあるの？

悩み 3

「バカの壁」とは一体どんなもの？ どう理解すると、自分を成長させることができるの？

そんなときは『超バカの壁』の 思考法を活用しよう!

自分の頭の中での理解が、この世界（社会）のすべてでは
ない。だからこそ、理屈や簡単な損得では測れない要素の
存在を理解する力が、大人として成長するのに欠かせない。

本書のポイント

\1/ 仕事の定義を間違うと、仕事探しで迷い、仕事で挫
折することが多くなる

\2/ 何でも一つの理論で説明すると（一元論的な思考）、
間違いへのブレーキがなくなる

\3/ 「バカの壁」とは自分の頭の中の（間違った前提）の
こと。その外にあるものを、考慮できるようになる

📖 ブレーキのかからない考え方というのが、一元論
P052 的な考え方ということです。つまり「バカの壁」
に阻まれて、その向こう側のことを想像しない

📖 「何々がすべて」という考え方は
P124 大方怪しいと思っておいたほうがいい

仕事の定義を間違うと、仕事探しで迷い、仕事で挫折することが多くなる

間違った前提

どれがいいかな？

自分を中心に考えると、仕事をすぐ辞めたり、つまらないと感じてしまう。

自分に合った仕事を見つけよう。

正しい仕事の前提

社会に埋めるべき穴があり、その埋める必要性に対応するのが仕事。

社会の穴を埋めると給料が貰える。

社会の穴

与えられた仕事に関する責任を持つことで人は成長する。

いったん引き受けた仕事は真剣に行うこと。

正しい前提で世の中を見るほど生きやすくなる。

仕事は自分らしさよりも社会の必要性から考える

自分らしさとは何か、そんな自分に合う仕事は何か。そのような前提で仕事を探すと迷ったり挫折することが多い。本人が持っている「世の中に対する前提」が間違っているほど、生きるのが苦しく、つらくなっていく。

何でも一つの理論で説明すると（一元論的な思考）、間違いへのブレーキがなくなる

なんでも１つの理論で説明できるほどこの世界は単純ではない

公式通りいかないことは多い。１つの理論を盲信すると、その理論の例外を考えられなくなる。だからこそ、一元論的な思考は失敗しても暴走を続けてしまう。そうならないために、「バカの壁」を知っておくべきだ。

「バカの壁」とは自分の頭の中の（間違った前提）のこと。その外にあるものを、考慮できるようになる

自分の考えにあった
現実だけを受け入れる。

自分の　　　　前提

バカの壁

前提の外にある現実

「バカの壁」とは自分の頭の中の間違った前提

誰もがバカの壁を持つ。大切なのは、その間違った前提の外側の現実を受け入れるか否かだ。あなたの頭の中にあることだけが、現実のすべてではない。バカの壁が多い人ほど、現実の社会の本当の姿がわからないし、大人として行動できない。

BOOK 45

『お金でなく、人のご縁ででっかく生きろ!』

👤 中村文昭著
✏ 2003年　📖 サンマーク出版

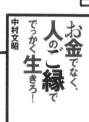

三重県伊勢市のブライダル・レストラン「クロフネ」のオーナー。 2000年から講演活動を開始。 全国で好評を博す。 人の縁、 人間関係、 夢を持つことの大切さを伝える著作多数。

悩み **1**

出会いがなく、新しい人と縁を作れない。どうすれば素晴らしい人間関係を結べるの？

人生におけるお金の意味とは何？ 人生の目的は、やっぱりお金を稼ぐこと？

悩み **2**

悩み **3**

良い人たちと出会えたら、ご縁はどうやって深めたらいいの？

そんなときは『お金でなく、人のご縁で でっかく生きろ!』の思考法を活用しよう!

人生を深く理解すると、お金は道具に過ぎないとわかる。人とのご縁で人生はいつも始まり、良いご縁ができるほど人生の可能性と幸せ、喜びが大きく広がる。

本書のポイント

\1/ ご縁はそのままでは「点」。点のままで終わらせないコツを実践する

....

\2/ お金はただの道具に過ぎない。人生の最期に、自分がどうなっていたいか考えよ

....

\3/ 意識的に人間関係を続ける、相手の前で自分を飾らない

📖 P006　出会いのチャンスは僕だけにあるのではありません。人のご縁の連鎖は、だれにでもつくれます。多くの方が、その「点」の出会いを、点のまま流してしまっているだけではないかと思うのです

📖 P020　自分ひとりの力ではできないことも、いろいろな人の力や影響、知恵を借りれば何百倍の規模でできる

ご縁はそのままでは「点」。
点のままで終わらせないコツを実践する

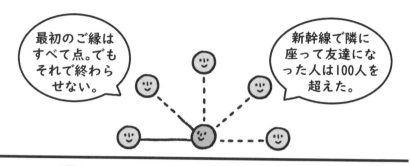

最初のご縁は
すべて点。でも
それで終わら
せない。

新幹線で隣に
座って友達にな
った人は100人を
超えた。

まず自分で自分に
「俺は人が好き」と
暗示をかけよう。

小さなこと、
お店の店員さんに
必ず一言話しかけ
て買うなどから
始めよう。

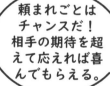

頼まれごとは
チャンスだ！
相手の期待を超
えて応えれば喜
んでもらえる。

名刺交換で
気になった人には
必ず手紙を書こう。

人に対して
自分を隠さず
素直になろう！

ご縁は最初はすべて点、それを点のままで終わらせないコツがある

ご縁を単なる「点」から、ずっと続く「線」にするにはコツがある。それ
を愚直に実行しよう。最初は小さなこと、例えば、お店の店員さんに必ず
一言話しかけて買うなどから始めよう。

お金はただの道具に過ぎない。人生の最期に、自分がどうなっていたいか考えよ

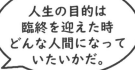

金儲けは人生の
目的ではない。
金のために働く人生
などつまらない。

人生の目的は
臨終を迎えた時
どんな人間になって
いたいかだ。

やろうとする情熱と、
目の前の人を喜ばそう
とする思いが大切だ。

お金は人生を
活かすために利用
する道具なんだ。

人生

金で動くのではなく、どんな人生を送りたいかで動く

金儲けは人生の目的ではなく、金のために働く人生などつまらない。人生の目的は臨終を迎えた時、どんな人間になっていたいかだ。人に出会い、相手を喜ばせながら自分も一緒に成長し続けるのが人生である。

BOOK
45

お金でなく、人のご縁で
でっかく生きろ！

意識的に人間関係を続ける、
相手の前で自分を飾らない

大切なご縁を深めるために何ができるのか？
① 相手を気遣う
② 気に入ったら同じ人から買う
③ 相手との小さな共通点も見逃さない
④ 照れない、飾らない、隠さない

BOOK 46

『青春とは、心の若さである。』

- 👤 サムエル・ウルマン著
- 📅 1996年　📖 KADOKAWA／角川文庫

1840年、ドイツに生まれたユダヤ人。アメリカに移住後、南北戦争で従軍。のちに事業家、教育家としても活躍。多くの詩を作り、本書は彼が80歳の誕生日に家族・知人が編集して縁者に配布された。

〳悩み〵 **1**

時間とともに誰でも老いるものなの？　いつまでも若々しい人とすぐに老いてしまう人の違いは何？

〳悩み〵 **2**

年齢を重ねると、夢や情熱は消えてしまうの？

〳悩み〵 **3**

年齢を重ねると、新鮮な体験がなくなっていく気がする。精神のリフレッシュはどうすればできるの？

そんなときは『青春とは、心の若さである。』の思考法を活用しよう！

本当の老いとは、身体的な年齢ではなく、心の中、精神の若々しさを失ったときに訪れる。

POINT
本書のポイント

\1/ 忘れてしまった意志、情熱、冒険心を思い出すことで若さを得る

\2/ 新しい理想を見つけ、新しい理想によって若さを得よう

\3/ 追憶の中に若さはない。五感を研ぎ澄まして「この瞬間」を感じること

P022　青春とは人生のある期間ではなく、心の持ちかたを言う（中略）。ときには、二〇歳の青年よりも六〇歳の人に青春がある。年を重ねただけで人は老いない。理想を失うとき初めて老いる

P050　傷つけど　たじろがず　すべては大なる終曲に記され　我がこころ舞いあがれ　輝きあれ

忘れてしまった意志、情熱、
冒険心を思い出すことで若さを得る

年齢を重ねても若々しく輝く人には共通点がある

心の老いは防止でき、3つの心を思い出して取り込むことで若さを得ることができる。その3つの心とは「たくましい意志」「燃える情熱」「冒険する心（挑戦する心）」である。

新しい理想を見つけ、
新しい理想によって若さを得よう

新しい理想を見つけ、新しい理想で若さを得る

歳をとるにつれて、理想が小さくなり古くなって消えてしまう。若さを保つためには、歳をとったとしても常に新しい理想を見つける努力をし続けることが大切。なぜなら、新しい理想はエネルギーそのものだからである。

追憶の中に若さはない。
五感を研ぎ澄まして「この瞬間」を感じること

視覚

聴覚

触覚

嗅覚

味覚

BOOK
46

青春とは、心の若さである。

この瞬間の美や幸福を感じるため五感を研ぎ澄ます

古い記憶の中には若さはない。歳を重ねるほど、今この瞬間を味わうべきである。そのためにも、視覚・触覚・味覚・嗅覚・聴覚の五感を研ぎ澄ます。

11

現代社会を
生き抜く強さが
身につく思考法

簡単なこと、楽しいことばかりではない現代。
だからこそ、強く生き抜く思考法の出番です。
タフさと勇気を与えてくれる叡智たち。

BOOK 47 『自省録』

- マルクス・アウレーリウス著
- 2007年　岩波書店／岩波文庫

第16代ローマ皇帝。紀元121年生まれ。ローマ帝国の多難な時代に政治を行ったが、哲学により節度を保った人生を送った。その活躍により、五賢帝の一人と称される。

悩み **1**

地位や肩書、安定の中にあると人は堕落しがちになってしまう。どうすれば、傲慢さを防ぐことができるの？

長い人生には、どうしても不運なことや不愉快なことが起こる。哲人皇帝と言われたマルクスは、どうやって不運に対処したの？

悩み **2**

悩み **3**

いろいろな悩みが多く、不安に振り回されてしまう。どうすればしっかりと毎日を生きることができるの？

そんなときは『自省録』の思考法を活用しよう!

さまざまな困難が押し寄せる日々を、どう正しく生きるのか、その指針を教えてくれる。自らへの厳しさと節度を保つ意志こそが、あなたを守る盾となってくれることがわかる。

POINT
本書のポイント

\1/ 5つの衝動を避ければ、自分の魂を健全に守ることができる

\2/ 望まない出来事や不運は、心の持ち方次第で自らの強さを証明する機会となる

\3/ 人生は永遠ではない。過去や未来にわずらわされることなく、今この一瞬を正しく生きよ

📖 P069 「なんて私は運が悪いんだろう、こんな目にあうとは!」否、その反対だ、むしろ「なんて私は運がいいのだろう。なぜならばこんなことに出会っても、私はなお悲しみもせず、（中略）未来を恐れもしていない

📖 P069 これは不運ではない。しかしこれを気高く耐え忍ぶことは幸運である

５つの衝動を避ければ、
自分の魂を健全に守ることができる

人間の魂を損なう５つの要素

①何事でも腹を立てる	②他人へ嫌悪や怒りを向ける

③快楽または苦痛に負かされる	④仮面を被って不誠実に行動

⑤良き目的に自己の力を向けずでたらめに行動する

困難が多い時代こそ、自己規律があなたを守る力となる

人間の魂を損なう５つの要素がある。１つめは何事でも腹を立てること。
２つめは他人へ嫌悪や怒りを向けること。３つめは快楽または苦痛に打ち
負かされたとき。４つめは仮面を被って、不誠実に行動したとき。５つめ
は良き目的に自己の力を向けずでたらめに行動することである。

望まない出来事や不運は、心の持ち方次第で 自らの強さを証明する機会となる

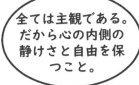

全ては主観である。 だから心の内側の 静けさと自由を保 つこと。

望まない 出来事・不運

これは不運ではなく、 自分の強さを証明する チャンスだ！

BOOK
47

自省録

望まない出来事や不運は自らの強さを証明する好機に変えよ

出来事の全ては主観である。だから、心の内側の静けさと自由を保つこと。 望まない出来事は、不運ではなく自分の強さを証明するチャンスだと捉え よう。心の受け止め方を変えれば、不運を好機へ、損を得に変えられる。

人生は永遠ではない。過去や未来に
わずらわされることなく、今この一瞬を正しく生きよ

心がクヨクヨしたり不安に怯えてしまう

過去
すでに起こって
しまったことの
後悔ばかり。

未来
これからどう
なるか将来が
不安しかない。

無駄なこころの動きを許さない自己の精神

今この一瞬

集中！

過去
過去すべての
名声や悲しみも
死と共にすぐに
消えるような
存在。

未来
今の問題解決力
を最大にすれば
あなたはその力で
未来に取り組む
ことができる。

結局今この瞬間
に集中するほど
豊かな結果を
得られる。

どんなに多忙
でも今に集中する
ことが良い未来に
つながっていく。

今この一瞬を正しく生きることに全てを賭けよ

過去はすでに起こってしまったこと。これにとらわれて後悔ばかりするの
ではなく、すべての名声や悲しみは死とともにすぐに消える存在と考える。
今の問題解決力を最大にすればその力で未来に取り組むことができる。

BOOK 48

『「原因」と「結果」の法則』

- 👤 ジェームズ・アレン著
- ✒ 2003年 🏢 サンマーク出版

1864年、イギリス生まれ。1902年に書かれた本書『AS A MAN THINKETH』は、現代成功哲学の祖として知られるデール・カーネギー、アール・ナイチンゲールなどに強い影響を与えた。

「原因」と「結果」
AS A MAN THINKETH
の法則
ジェームズ・アレン
JAMES ALLEN
坂本貢一〔訳〕

サンマーク出版

悩み 1

どうすれば夢は叶うの？　うまくいかない環境はどう変えられるの？

悩み 2

成功する人と、失敗ばかりしてしまう人の違いはどんな点？

悩み 3

慌ただしく、不安ばかり募る。どうすれば穏やかな心、平穏な時間を手にできるの？

そんなときは『「原因」と「結果」の法則』の思考法を活用しよう!

人生のすべての環境は、私たちの思いから生まれている。ならば、思いを変えていくことによって、そこから生まれる環境も変わる。日々を変えるには、まず自分の思いを変えることが起点になる。

本書のポイント

\1/
思いによって人は人生を創り上げている。 思いが高みに上ると、 環境も変わる

\2/
大きな成功を得たいなら、 それに相応しい自己コントロールを身に付ける必要がある

\3/
人生を形作る原理原則を理解し、 自分の心を管理するほど穏やかな心に近づける

P018 人間は自分の人格の制作者であり、自分の環境と運命の設計者である

P024 心の中に蒔かれた思いという種のすべてが、それ自身と同種のものを生み出します。(中略) 良い思いは良い実を結び、悪い思いは悪い実を結びます

思いによって人は人生を創り上げている。
思いが高みに上ると、環境も変わる

思いによって人は自分の人生を創っている

環境は結果であり、思いこそが「起点」である。思いのレベルを上げると、合わない古い環境は消えてしまう。

大きな成功を得たいなら、それに相応しい
自己コントロールを身につける必要がある

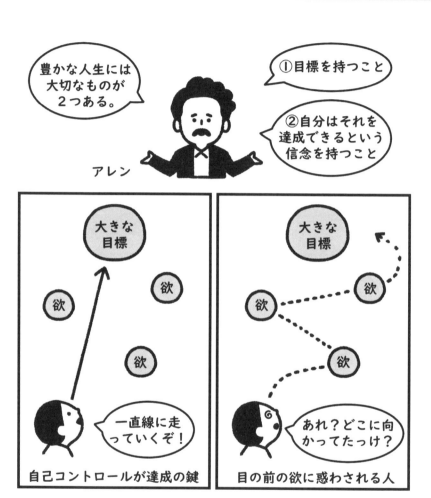

成功する人は手に入れたいものに向かって自己をコントロールしている

目標を持たないと人は人生の海で漂流してしまう。

人生を形作る原理原則を理解し、自分の心を管理するほど穏やかな心に近づける

環境が悪いんだ！

あの人が悪いんだ！

心の中の思いが結果を生み出す。

心と思いの管理が大切だよね。

思い

結果

環境

環境は結果。その環境と戦っても改善できない。

人生の真理や原理を理解するほど、心の管理が大切なことに気付く。

人生を形作る原理原則を理解するほど、穏やかな心に近づく

穏やかさは心のコントロールができる人の特徴である。いつでも穏やかな人は、その強い心によって、多くの結果と敬意を集める。

BOOK
48

「原因」と「結果」の法則

BOOK 49 『パウロ・コエーリョ 賢人の視点』

👤 パウロ・コエーリョ著
✎ 2021年 🏛 サンマーク出版

作家、脚本家。世界170か国以上で出版された『アルケミスト』を含め、全世界で3億2000万部以上を売り上げた人物。自己啓発書の書き手として、世界的な知名度を誇る。

\悩み/
1

や りたくないことを我慢するばかりの毎日。自分のずっとやりたかったことに挑めないのはなぜか。

\悩み/
2

人 と向き合うことが難しく感じる。どうすれば他人と豊かな関係を築けるのか。

\悩み/
3

自 己実現のための良い方法はあるのか。できないことに圧倒されて諦めている現実を変えられるのか。

そんなときは『パウロ・コエーリョ　賢人の視点』の思考法を活用しよう!

今を生きる大切さ、架空の鎖に縛られている自分を理解できる。対立におびえるのではなく、自然体で他者と世界を受け入れながら、自分の夢を実現できるようになる。

POINT 本書のポイント

\1/ 死を意識せよ。人生の貴重さを知り、今を思い通りに生きるために

\2/ 思い込みや古いルールを時に捨てよ。自然な心で人と接する一歩として

\3/ できないという思い込みも、希望を持ち続けて勇気を出すことで変わる

📖 P078 死に対する意識を持てば、先延ばしにしてきた電話をかけておこうと思うだろう

📖 P261 あなたが光の戦士なら、たとえそれが不可能と思えても、戦う価値があることを知っているはずだ。だからこそ失望を怖れず、手にした剣の威力と愛の力とを疑わない

本書のポイント

死を意識せよ。人生の貴重さを知り、 今を思い通りに生きるために

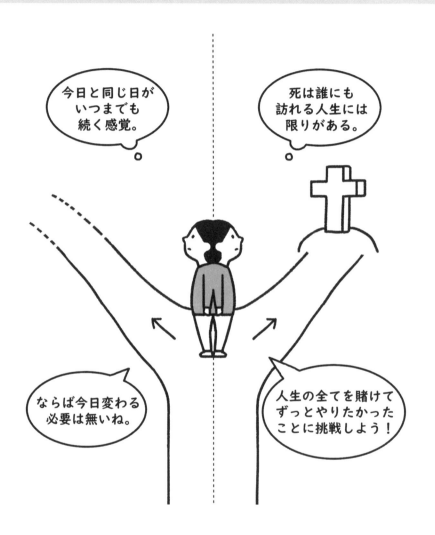

今を最大限に生きるための3つのポイント

①どんなときでも自分の価値を信じること

②他人との関係や生活など、今を率直に感じて楽しむこと

③限りあるからこそ、少しでも大胆さを持ってやりたいことを追求する

思い込みや古いルールを時に捨てよ。
自然な心で人と接する一歩として

友人や家族と
楽しむ

知らなかった
人と出会う

自然を思うまま
楽しむ

自然な心で人と接するために、ルールや規則、思い込みを時に忘れよ

社会的な常識や思い込みやこれまでの習慣や他人の思惑が重りとなって、恐れや不安で動けなくなってしまうこともある。たまには、そうしたルールや思い込みの重りを外して、行動することも大切である。

できないという思い込みも、希望を持ち続けて勇気を出すことで変わる

希望だけは捨ててはいけない勇気を持って動けば変えられる

いま不可能に見えることも、いつ可能になるかわからない。不可能の壁を崩す最大の力は、希望を持ち続けることである。光の戦士ならば、希望だけは捨ててはいけない。

BOOK
50

『生き方』

- 稲盛和夫著
- 2004年 サンマーク出版

京セラ、KDDIの創業者。アメーバ経営など、独自の経営手法で京セラを世界的な優良企業に育てる。2010年に会社更生法を適用されたJAL（日本航空）の代表となり、2年後にV字回復を成し遂げた。

悩み
1

なぜ人生は思うようにいかず、苦労ばかりなのか？　どうすれば、自分の人生を好転できるの？

人の運命は最初から決まっているの？　運命の悪い人は、それを変えることはできないの？

悩み
2

悩み
3

成功している人や、幸福な人と比べて自分の人生の価値を信じられない。人生には生きる価値があるの？

そんなときは『生き方』の思考法を活用しよう!

なぜいつも同じ失敗をしてしまうのか。他の人ばかりうまくいくように見えるのか。自ら多くを成し遂げ、また多くの人を指導した実績を持つ稲盛氏の成功哲学と思考の根底。

本書のポイント

\1/
マイナスを引き寄せる考え方をしていないか、生きる姿勢を再確認する

\2/
運命よりも、因果応報がより強い。良い考え方と良い行動で必ず好転する

\3/
あらゆる人に価値があり、役割がある。役割を理解し、魂を磨き続けること

P024 「考え方」を変えれば人生は一八〇度変わる

P058 心の持ち方を変えた瞬間から、人生に転機が訪れ、それまでの悪循環が断たれて好循環が生まれ出したのです

マイナスを引き寄せる考え方をしていないか、生きる姿勢を再確認する

マイナスを引き寄せる考え方

いつも他人のせいだ。

会社のせいで仕事が面白くない。

うまくいかないのは上司が悪い。会社が悪い。

失敗や不幸から抜け出せない人はいつも成功の前で引き返す考え方をしてしまう。

目の前の困難

プラスを引き寄せる考え方

工夫と努力を続けてみせるぞ！

たゆまず自分を信じて困難に立ち向かうぞ！

目の前の困難

こんな所に道があったのか！

成功

人生の方程式は「人生・仕事の成果」＝考え方×熱意×能力

やり通す熱意が成功への道を開く。

頭が良いだけでは強い熱意を持つ人の成果に及ばない。

BOOK **50** 生き方

マイナスを引き寄せる考え方をプラスに変える

失敗や不幸から抜け出せない人は、いつも成功の前で引き返す考え方をしてしまう。人生の方程式は、「人生・仕事の成果」＝考え方×熱意×能力 頭が良いだけでは、強い熱意を持つ人の成果に及ばない。

運命よりも、因果応報がより強い。
良い考え方と良い行動で必ず好転する

各人に運命はあるが、それは自ら好転させることが可能

良い考え方、良い行動をするほど因果応報の力がプラスとなって人生を押し上げる。

稲盛氏は、運命はあっても因果応報の力はより強く、良い思いと良い行動は必ず人生を好転させると考えている。

あらゆる人に価値があり、役割がある。
役割を理解し、魂を磨き続けること

だれもが役割を与えられて生まれる。
そしてその人ごとに特別な価値を持つ。

完成に向かって心を磨き続ける。

行動そのものが大切な生き方なのだ。

この世界に不要な人は存在しない。みな価値ある存在。

無数の問題を直視しながらも暗い心にならず
明るい未来を心に描くことが大切。

社会の問題

夢と希望溢れる明るい未来

明るく豊かな未来を想い描き続けてそこへ進む！

BOOK
50
生き方

あらゆる人に価値があり役割がある。魂を磨き続けること

誰もが役割を与えられて生まれる。そしてその人ごとに特別な価値を持つ。
完成に向かって心を磨き続ける行動そのものが大切な生き方である。

「新しい思考法は、
新しい幸せを生む!」

　本書を執筆したいと思った理由は、時代の閉塞感からでした。日本はすでに長い時間、「失われた〇〇年」を戦っています。暗く、重い空気の日本社会の中をいつまで進めばいいのか。そんな不安の中で、自分の人生に希望を持てない人が増えているなら、その人たちの悩みに答えたいというのが1つ目の理由。2つ目の理由は、人生への好奇心と情熱を取り戻すきっかけを読者の皆さんに感じて欲しかったこと。着眼点が変わると、人生の中で新しい可能性が発見できることを、本書を通じて皆さんにお伝えしたかったのです。新しい可能性は、私たちの思考の盲点に今まで隠れているのです。

街に出て、新しい可能性に出会おう!

　優れた思考法は、問題解決の新しい道を教えてくれます。目の前の壁を打ち破るような効果を持つときもあります。本書でご紹介した数々の思考法の考案者や利用者は、きっと楽しみながら問題

解決に取り組んだはずです。 そのエッセンスを利用すれば、 私たちの身の回りで、 必ず改善点が見つかるはず。 より快適な毎日になることでしょう。 新しい思考法を身につけることで、 あなたが幸せになり、 日本社会にも小さくとも幸せの輪が増えていくことが本書の最大の願いです。

　本書を刊行するにあたり、 非常に多くの方にご協力を頂きました。 何より、 本書の企画から完成まで、 難しい伴走をご一緒頂いた編集担当の若林千秋さんに心よりお礼申し上げます。 思考法について、 自由な発想を許可頂いたことでユニークな形で本書を完成させることができました。 イラストレーターのたきれいさんは毎回こちらのアイデアを非常にうまくイメージにして頂き、 ページをめくるたびに秘かに感激していました。

　私は企業のビジネス戦略策定をサポートし、 その根源となる理論を研究することを生業としています。 業務の一部には、 戦争戦略の研究もあるなど、 戦略に関してさまざまな思索を積み重ねてきました。 戦略研究者の立場からすると、 思考法の多くは 「人生戦略」 と呼んでよいほど堂々とした素晴らしいものです。 読者の皆さんの人生に、 より素晴らしい成功と輝き、 幸せと愛情が溢れるように心より願っています。

著者／訳者	出版社	発行年
鈴木 宏昭	筑摩書房／ちくま学芸文庫	2020年
羽田 康祐	フォレスト出版	2020年
外山 滋比古	筑摩書房／ちくま文庫	1983年
照屋 華子／岡田 恵子	東洋経済新報社	2001年
木村 尚義	総合法令出版	2019年
E.B.ゼックミスタ、J.E.ジョンソン／宮元 博章、道田 泰司、谷口 高士、菊池 聡 [訳]	北大路書房	1996年
孫武／守屋 洋、守屋 淳 [訳]	プレジデント社	2014年
孔子／金谷 治 [訳注]	岩波書店／岩波文庫	1963年
フリードリヒ・ニーチェ／高橋 健二、秋山 英夫 [訳]	河出書房新社	2004年
苫野 一徳	筑摩書房／ちくまプリマー新書	2017年
石井 清純	KADOKAWA／角川選書	2010年
柿内 尚文	かんき出版	2020年
細谷 功	PHP研究所／PHPビジネス新書	2016年
安斎 勇樹、塩瀬 隆之	学芸出版社	2020年
阿部 広太郎	ディスカヴァー・トゥエンティワン	2021年
平井 孝志	東洋経済新報社	2020年
牧田 幸裕	東洋経済新報社	2009年
グレッグ・マキューン／高橋 璃子 [訳]	かんき出版	2014年
谷川 祐基	CCCメディアハウス	2020年
西岡 壱誠	東洋経済新報社	2020年
ベンジャミン・ハーディ／松丸 さとみ [訳]	サンマーク出版	2020年
毛沢東／浅川 謙次、安藤 彦太郎 [訳]	河出書房新社	2005年
田中 マイミ	すばる舎	2020年
伊藤 羊一	SBクリエイティブ	2019年
マット・リドレー／大田 直子 [訳]	NewsPicksパブリッシング	2021年

著者／訳者	出版社	発行年
ニコロ・マキァヴェリ／池田 廉 [訳]	中央公論新社／中公文庫	2018年
遠藤 功	東洋経済新報社	2014年
小城 武彦	東洋経済新報社	2017年
中尾 隆一郎	フォレスト出版	2018年
戸部 良一、寺本 義也、鎌田 伸一、杉之尾 孝生、村井 友秀、野中 郁次郎	ダイヤモンド社	1984年
鈴木 博毅	ダイヤモンド社	2018年
小西 浩文	山と渓谷社	2018年
マシュー・サイド	ディスカヴァー・トゥエンティワン	2021年
バーバラ・ブラッチュリー／栗木 さつき [訳]	東洋経済新報社	2022年
クリスティーン・ポラス／夏目 大 [訳]	東洋経済新報社	2019年
ダン・サリヴァン、ベンジャミン・ハーディ／森 由美子 [訳]	ディスカヴァー・トゥエンティワン	2022年
ジョージ・サイモン／秋山 勝 [訳]	草思社／草思社文庫	2014年
小倉 広	ダイヤモンド社	2014年
Testosterone	U-CAN	2016年
小池 龍之介	小学館／小学館文庫	2010年
ジェリー・ミンチントン／弓場 隆 [訳]	ディスカヴァー・トゥエンティワン	2004年
小林 弘幸	日本経済新聞出版／日経ビジネス人文庫	2021年
リンダ・グラットン、アンドリュー・スコット／池村 千秋 [訳]	東洋経済新報社	2016年
養老 孟司	新潮社／新潮新書	2006年
中村 文昭	サンマーク出版	2003年
サムエル・ウルマン／作山 宗久 [訳]	KADOKAWA／角川文庫	1996年
マルクス・アウレーリウス／神谷 美恵子 [訳]	岩波書店／岩波文庫	2007年
ジェームズ・アレン／坂本 貢一 [訳]	サンマーク出版	2003年
パウロ・コエーリョ／飯島 英治 [訳]	サンマーク出版	2021年
稲盛 和夫	サンマーク出版	2004年